Catherine Millet

LA VIE SEXUELLE
DE CATHERINE M.

RÉCIT

Précédé de Pourquoi et Comment

Éditions du Seuil

Le texte *Pourquoi et Comment* a paru pour la première fois
dans la revue *L'Infini*, numéro 77, en janvier 2002

TEXTE INTÉGRAL

ISBN 978-2-02-055130-4
(ISBN 2-02-038112-5, 1re publication)

Pourquoi et Comment

Ce fut une pensée matinale, je crois me souvenir que je me tenais debout, dans le mètre carré que délimitent l'angle du lit, le côté d'un placard et la porte d'entrée de notre très petite chambre, lorsque l'idée m'est venue et qu'immédiatement le titre *La Vie sexuelle de Catherine M.* s'est comiquement inscrit dans ma pensée. Chaque fois qu'on me pose cette question (la plus récurrente) : « Pourquoi avez-vous écrit ce livre ? », cette image resurgit, et je dois sortir de son cadre, échapper à son instantanéité, pour trouver des réponses satisfaisantes à la question, des réponses variées (mais pas trop), plausibles. Je ne peux pas me contenter de décrire un espace, sorte de guérite virtuelle dans laquelle je me serais tenue, ni un moment aussi bref, car je rencontrerais l'incrédulité de mon interlocuteur. Les navigateurs ont bien de la chance qui, pour indiquer où ils se « situent », ne donnent qu'un degré de longitude et un degré de latitude. J'aimerais me contenter de dire : « J'ai écrit ce livre parce que tout à coup, sur un seuil, dans un demi-jour, je me suis fait rire intérieurement avec un syntagme très littéral de cinq mots, plus une lettre. » Car, quelle raison aurais-je, moi plus qu'une autre ou un autre, de faire le récit de ma vie sexuelle, sinon d'avoir buté un jour sur le titre évident de ce récit ?

Mais admettons qu'en effet les choses, et ce titre lui-même, ne sont pas aussi simples et qu'en se penchant au-dessus de la mer étale, le navigateur se voit dans l'ordre inversé des étoiles. J'ai dit que je « croyais » me souvenir, parce qu'il faut toujours plus ou moins corriger ses souvenirs. Maintenant que j'y réfléchis plus longuement, il me semble plutôt que j'ai eu cette pensée alors que j'étais couchée, les yeux ouverts en direction de cette portion d'espace que j'ai décrite, et que cette pensée n'a pu advenir qu'en s'introduisant dans cette image projetée de moi-même, moi debout me retournant vers mon corps allongé. Ceux qui s'étonnent de la « distance » avec laquelle j'ai mené mon récit, ce sont eux qui m'étonnent. Un être humain sensé peut-il avoir avec lui-même une autre relation que spéculaire ? Est-ce parce qu'il s'agit de sexe qu'on se serait attendu à ce que je renonce à ma conscience comme on y renonce dans l'extase ? Mais en admettant qu'on puisse écrire dans ces conditions, l'effet ne serait-il pas de susciter l'empathie du lecteur ? Or, le projet n'était que d'exposer une sexualité singulière, celle de Catherine M.

Maintenant, je regarde l'auteur de *Catherine M.* comme celui-ci a pu regarder son sujet, et je ne m'identifie plus complètement ni avec l'un ni avec l'autre. Je suis attentive aux questions qu'on me pose et à qui me les pose, je lis les commentaires dans la presse, je poursuis l'enquête sur ma propre personne métamorphosable et sur ses rencontres. Lorsqu'on s'inquiète de savoir si je suis affectée par les attaques contre le livre ou contre moi, je réponds mollement parce que mon impression dominante est que les adversaires enfoncent leurs épingles dans un fétiche qu'ils ont confectionné eux-mêmes. Ou lorsqu'on me félicite sur mon aisance, par exemple, dans les émissions de radio ou de télévision, j'explique que cela tient peut-être au fait que

je ne me sens pas obligée d'y « tenir mon rôle », à l'inverse
de ce que je m'impose lorsque j'interviens publiquement
en tant que critique d'art ! Mais, lorsque moi-même je
m'entends ou me vois, je ne me trouve pas pour autant
« naturelle », j'en fais trop. J'ai grandi dans les années cinquante, quand le poste de télévision prenait sa place dans
les familles. Le « spectacle » commençait à diffracter nos
vies. Pour moi, un écrivain était quelqu'un qui écrivait des
livres mais qui venait aussi répondre aux questions de
Pierre Dumayet. J'écrivais déjà des histoires. Quand je me
relisais et que je trouvais ça mauvais, pour éclaircir mes
idées, je m'asseyais devant une grande glace fixée sur la
porte d'une penderie, et je répondais aux questions d'un
intervieweur imaginaire. J'ai fait ça bien avant d'avoir
l'idée de me placer devant la même glace, cette fois pour
apercevoir les plis cachés entre mes cuisses.

Pourquoi ai-je écrit ce livre ? Parce que je voulais écrire
et parce qu'il y a des choses dont je ne parle pas. Le désir
d'écrire est une pulsion qui se manifeste avant de trouver
son objet et qu'on satisfait ensuite comme on peut. En
l'associant à une faculté d'observation et même de contemplation assez développée, j'y réponds dans la critique
d'art. Néanmoins, j'ai toujours considéré que ce désir était
suffisamment impérieux pour réclamer d'être satisfait
une bonne fois pour toutes, en un geste unique, quel qu'il
soit, pourvu qu'il soit définitif – pour soi-même évidemment –, ce qui est certainement beaucoup trop idéaliste,
voire gentiment mégalomaniaque, mais qui répond à
un goût réel de l'économie. J'aime Ad Reinhardt et son
« Ultimate Painting » (tout en sachant parfaitement que
Reinhardt n'était pas un avant-gardiste idiot et que, des
« Ultimate Paintings », il en peignit pendant dix ans…).
Je me suis mise dans la situation d'exercer au maximum

ma faculté d'observation en choisissant le terrain le plus accessible et, par jusqu'au-boutisme, j'ai focalisé sur la matière la plus aveuglante, le sexe (en tant que critique d'art, j'ai beaucoup écrit sur la peinture monochrome, autre type d'objet aveuglant). Je viens donc de publier mon « Ultimate Book ». On verra pour la suite !

Dans un débat public, une personne m'a demandé à qui j'avais voulu adresser mon livre. Heureusement que l'on écrit sans se représenter les destinataires, ou même qu'on les élimine au fur et à mesure si brusquement ils surgissent comme le gendarme devant Guignol. Mais enfin, le travail mené à bien, j'ai spontanément répondu : « aux femmes ». Cela m'a traversé la tête : toutes ces conversations « entre femmes » que je n'avais pas eues, que j'aurais aimé avoir. J'étais restée avec mes interrogations banales sur la sexualité en fuyant les échanges confidentiels et en confortant la fausse opinion dans mon entourage que de toute façon, étant donné la vie que j'avais, je devais en savoir plus que quiconque sur le sujet. J'ai fui ces conversations d'abord parce qu'elles sont le plus souvent enrobées de considérations sentimentales qui les rendent immédiatement poisseuses, ensuite parce que, quelle que soit l'intimité que l'on partage avec l'interlocuteur ou l'interlocutrice, les mots auxquels on a recours sont toujours mauvais, approximatifs ou vulgaires. Soit qu'on reste en deçà de ce qu'on veut exprimer, soit qu'on dissimule sa gêne derrière une surenchère dans le graveleux, c'est-à-dire qu'en fait on se censure quand on croit tout déballer. Je l'ai vérifié de multiples fois en lisant les articles sur mon compte qui adoptaient un langage parlé ; leurs auteurs, qui voulaient surtout prouver à quel point ils étaient affranchis, en remettaient des louches. À cela s'ajoute que la vulgarité, par définition, est ce par quoi les gens se mélangent. J'ai beau avoir pratiqué ce qu'on appelle « la sexualité de groupe », si je me situe dans l'ordre de l'échange verbal – sans intention d'établir une relation érotique –, je ne tiens pas à *toucher* l'interlocuteur ou l'interlocutrice dans le tréfonds de son instinct sexuel, ce qui se produit presque toujours lorsqu'on use abruptement du vocabulaire obscène. Manié sans précaution, ce vocabulaire affecte les sens presque aussi directement qu'un contact physique. Dans leur vulgarité, certains, hostiles à mon livre, ont eu dans leurs déclarations des *gestes* à mon égard. Mon souci est qu'ils pouvaient faire croire à leurs lecteurs que j'avais adopté un même style vulgaire. Non, à l'encontre de leur désir, je ne me *mélange* pas à eux. Le choix des mots justes se rapportant au sexe est un travail exigeant qui, à l'exception de la parole perpétuellement remise en cause en présence d'un analyste, relève donc plutôt de l'écrit que de l'oralité.

En amont de ce qui demande un tel effort, il y a forcément des motifs intimes très profonds, qui n'apparaissent pas immédiatement, qui pour ce qui me concerne n'ont pas fini d'être mis au jour. Dans les interviews, pour aller au plus rapide, je parle de maturité, de bilan personnel, etc. Plus précisément, j'ai entrepris l'écriture du livre peu de temps après avoir été, pour la première fois de ma vie, dans la situation de m'interroger sur ma conduite sexuelle. J'avais joui jusqu'alors d'une grande ingénuité et, tout à coup, dans un retour sur moi-même, l'aller-retour du regard entre mon corps allongé et mon corps dressé, je me retrouvais extrêmement démunie. Ma recherche du plaisir, très progressivement, avait pris une autre direction. Or, ce qui appartient au passé peut vite être refoulé dans des tiroirs secrets et, sans outil pour penser ce changement, je laissais s'insinuer en moi des questions ignorées auparavant : avais-je bien fait, mal fait ? Cela a provoqué une véritable schize, un écartèlement entre l'ingénuité et la tentation moralisante. (Mais il est vrai qu'on ne s'engage pas sur la voie de la béatitude sans avoir été mis à l'épreuve et avoir dû surmonter quelque tentation !) Moi qui, dans le domaine de la sexualité, n'avais jamais eu de modèle, j'ai alors pris conscience du risque qu'il y avait à intérioriser les modèles des autres. Le livre fut le moyen d'exposer le modèle unique de ma singularité et il a déplacé le clivage. Mes contradictions confiées au cours tranquille du texte, celui-ci creusant son lit et déposant ses alluvions, ont produit un effet tout à fait ambivalent : il a consommé la séparation entre le sujet du livre et son auteur et il permet leur cohabitation en parfaite intelligence.

De nombreuses œuvres d'art contemporaines sont des combinaisons de plusieurs images et sont d'autant plus frappantes lorsqu'il s'agit d'images photographiques ou numériques et que ce sont des portraits. Par exemple, l'artiste a superposé différents portraits de la même personne, pris à différents âges. Le spectateur se rend compte du caractère composite de l'image mais ne saurait voir où passe la démarcation entre les différents éléments. On comprend qu'une œuvre d'art plastique, qui s'appréhende globalement, soit particulièrement apte à contracter le temps, et il demeure donc plus rare que les arts qui s'appuient sur le temps linéaire, comme l'écriture et le cinéma, s'arrachent à la narrativité. Je l'ai quand même tenté. Si j'avais écrit une biographie sexuelle en suivant un ordre chronologique, j'aurais vite pu me retrouver, en tant qu'auteur de ce récit, et même sans l'avoir voulu, face à une perspective dont j'aurais été exclue, comme un peintre classique se retire virtuellement du paysage qu'il peint, ou même le surplombe. Et celui qui met en perspective non seulement interprète mais il est aussi tout près de juger. Le recul lui confère une autorité. Étant donné ce que je viens de dire des circonstances intimes qui m'ont conduite à me mettre au travail, il ne fallait pas que j'adopte cette position. Je ne devais ni chercher à comprendre ni expliquer, encore moins justifier. Il n'y a pas de procès – dans aucune des acceptions du mot –, parce qu'il n'y a qu'un déploiement des faits. Des autoportraits à différents moments de ma vie, y compris pendant le temps d'écriture du livre, se mêlent sur un plan unique. Le temps se condense sur une surface *all over* et, comme Pollock peignant était dans sa toile, j'étais, moi écrivant, dans le livre.

J'ai noté les thèmes en fonction desquels je devais construire le livre et tels qu'ils apparaissent dans les titres des chapitres, sur une feuille... de mon agenda. Cinq ou six mots, sur quatre lignes, sur une page vierge, le résumé le plus succinct que je pouvais faire de moi-même, ironique extraction du calendrier chargé de gribouillis des autres pages. Ce fut mon tout premier acte : définir ces topiques, c'est-à-dire les traits communs aux différents autoportraits, seul moment où je fus bien obligée d'adopter, quand même, une vue en surplomb. Ensuite, je me suis livrée à la recherche opiniâtre des mots exacts. Cette recherche conduit à explorer plus profondément ses impressions et ses souvenirs ; c'est en corrigeant ses phrases qu'on éprouve son honnêteté. Ainsi, je n'aurais jamais pu imaginer, le livre étant déjà très avancé, quelles en seraient les dernières pages (la description des positions du corps à travers des Polaroïds et des photogrammes, et finalement la désincarnation dans l'image imprécise d'un film vidéo), mais rétrospectivement cela me paraît logique. Ces pages mettent en lumière l'importance de la relation spéculaire à soi et, bien sûr, dans un mouvement de spirale, elles indiquent la source, à la fois mentale et méthodologique, du livre. En fait, il y a bien une chronologie sous-jacente, mais c'est celle du travail d'introspection, entraîné par celui de l'écriture. Je n'ai jamais tenu de journal, mais je dispose d'une bonne mémoire, visuelle notamment.

D'une façon générale, je ne peux pas commencer à rédiger sans avoir auparavant accumulé une quantité phénoménale de notes, jusqu'à ce que cette accumulation devienne étouffante et que la rédaction apparaisse comme une échappatoire. Cette fois encore, j'ai couvert des pages, d'une part en drainant mes souvenirs, d'autre part en les complétant avec les souvenirs des autres ou en les y confrontant. Comme j'ai gardé des relations d'amitié avec beaucoup de mes partenaires, c'était facile d'en appeler certains, de prendre un verre avec eux ou de déjeuner, et de les interroger. Tous trouvaient l'entreprise amusante et aussi intéressante. Quelques-uns m'ont confié des photos ou des films vidéo que j'ai visionnés. L'un d'entre eux m'a, avec confiance, communiqué des pages de son journal intime. Quand je m'étais interrogée sur la manière d'écrire ce livre, Jacques m'avait conseillé de procéder exactement comme pour mes essais sur l'art. C'est ce que j'ai fait.

« Vous avez eu du courage », me dit-on parfois. J'en ai eu comme il en faut pour toute tâche qui exige temps, persévérance, probité. Mais je sais qu'on entend plutôt : « vis-à-vis du regard des autres, de l'opinion publique, etc. ». Cette opinion-là, je m'en suis toujours fichue. Moi qui ai tant besoin, dans ma recherche du plaisir, d'une image renvoyée de moi-même, lorsque la recherche est d'ordre intellectuel, je suis capable d'avancer comme un blindé. Je suis convaincue que la qualité du travail réalisé relativise l'importance de son auteur et le mélange d'images, rêvées ou projetées, qu'il donne de lui ou que les autres fabriquent. L'instance dernière, c'est le texte, sûrement pas une instance sociale. On peut se moquer de mon narcissisme, peu importe s'il m'a aidée à mettre en œuvre le livre ; on peut, comme c'est arrivé, me traiter de « pute », de « nymphomane » ou de « vierge folle », tout cela passera puisque ce n'est pas dans le livre. Il est vrai aussi qu'on est d'autant plus libre d'user de son corps et de l'exhiber que l'on n'appartient pas à quelque corps de métier ou corps constitué, qu'aucune hiérarchie ou pouvoir administratif ne vous entrave ; en préservant l'autonomie financière d'*art press*, ce n'est pas seulement notre liberté d'expression que nous garantissons, ce sont aussi nos libertés individuelles. Mais la pression sociale peut également s'exercer au travers de la famille ou dans la conjugalité. On aura compris que Jacques et moi y avons échappé. Il fallait s'être émancipé d'une certaine mécanique de la vie de couple pour que je réussisse à écrire ce livre au côté de Jacques et pour que lui le lise.

La Vie sexuelle de Catherine M. se veut avant tout un témoignage, c'est-à-dire, à proprement parler, un texte destiné à établir une vérité, la vérité d'un être singulier, bien sûr. Pendant que je travaillais, j'avais toujours en tête la célèbre détermination de Cézanne : « Je vous dois la vérité en peinture et je vous la dirai. » Cézanne écrit cette phrase dans la même lettre à Émile Bernard où il explique que « la thèse à développer est – quel que soit notre tempérament, ou forme de puissance en présence de la nature – de donner l'image de ce que nous voyons, en oubliant tout ce qui a paru avant nous ». Je paraphrase : « Bon sang, se dit Cézanne, ces classiques, Poussin et autres, nous ont donné de sacrées leçons, mais il se pourrait bien qu'en maîtres jaloux ils nous aient quand même dissimulé la charpente qui tient le monde. » Cézanne, lui, creuse jusqu'à l'os et, du fond de sa garrigue, peu soucieux de jouer les maîtres qui tiennent leur pouvoir de garder un secret, se fait un devoir de transmettre ce qu'il trouve.

J'ai oublié ce qui avait paru avant moi. Denis Roche m'avait encouragée à lire *My Secret Life*, pensant que je devais, à l'instar de l'anonyme anglais, m'en tenir à un texte factuel. J'étais d'accord bien que je me sois vite rendu compte que les faits étaient non seulement ceux de la réalité mais aussi les faits imaginaires et les fantasmes qui y étaient reliés, et que la description devait également porter sur les représentations intérieures du corps qui expriment les sensations. Surtout, je me suis écartée du modèle en adoptant la structure thématique dont j'ai parlé plutôt qu'une succession d'épisodes. Une autre lecture a eu plus d'influence sur ma façon de conduire le récit. Pendant que je travaillais, je lisais Melville. Un jour, il m'est apparu que la façon dont celui-ci amenait son sujet me convenait bien et qu'insensiblement j'avais intériorisé son rythme. Souvent, Melville commence ses chapitres par des généralités, des sortes de vérités premières, des sentences, de vastes métaphores, avant d'introduire son sujet principal. « Comme la vigne fleurit, comme la grappe s'empourpre au long des murailles sous les canons d'Ehrenbreitstein, ainsi croissent les plus douces joies de la vie dans les crocs mêmes du péril… » Cela pour, au terme d'une longue page, montrer un père mourant sous les yeux de son fils mais appelant sa fille adultérine dans son délire. Autres débuts de chapitres, dans *Pierre ou les ambiguïtés* : « Que soit glorifiée la gracieuse mémoire de celui qui a dit pour la première fois : les plus profondes ténèbres précèdent le jour », ou encore « Aspiré par le Maelström, il faut que l'homme tourbillonne avec lui. » J'aime cette façon de faire ironique qui donne l'impression que le sujet se dégage péniblement d'un océan de pensées partagées, comme s'il était d'abord vu de très loin, de l'autre rive de ce que tous les hommes disent et pensent communément. Je n'ai malheureusement pas l'inspiration de Melville, mais j'ai pris le pli d'annoncer certains thèmes par des remarques d'abord assez lointaines ; j'ai eu beaucoup recours au pronom indéfini « on », suivi de considérations générales, j'ai commenté des expressions toutes faites, placé en avant des digressions (sur la critique d'art, par exemple), enfin je me suis servi de ce que j'avais « entendu dire » sur moi. Ce fut un des moyens les plus efficaces pour garantir la distanciation. Je raconte une histoire singulière mais qui n'en est pas moins prise dans le lieu commun. Cette structure n'est pas sans analogie avec ce que je dis dans le livre, par exemple à propos des soirées au bois de Boulogne, lorsque j'étais au centre d'un groupe, que je pouvais m'imaginer reliée à toute une humanité d'ombres, mais ombre moi-même. D'ailleurs, il est bien possible qu'une autre réminiscence littéraire ait joué quand j'ai choisi le titre du premier chapitre. Parmi ces phrases lues et qui s'impriment dans le cerveau encore plus indélébiles que les vers appris à l'école, il y a en moi celle-ci, de Bossuet : « On ne m'a envoyé que pour faire nombre. » Je relis maintenant tout le *Sermon sur la mort* : « Ce n'est pas toute l'étendue de notre vie qui nous distingue du néant », écrit Bossuet, c'est autre chose : « Au milieu de cette matière et à travers l'obscurité de nos connaissances, si nous savons rentrer en nous-mêmes, nous y trouverons quelque principe qui montre bien par une certaine vigueur son origine céleste, et qui n'appréhende pas la corruption. » Disons qu'en rentrant en moi-même, ce que j'ai trouvé, plutôt qu'un principe d'origine céleste, c'est un livre (objet qui n'appréhende pas, non plus, la corruption).

Depuis la parution du livre, je réponds quasi quotidiennement aux questions de journalistes qui sont maintenant de toutes nationalités. Je sors exténuée de ces interviews. De même, les séances de prises de vue avec les photographes qui précèdent, accompagnent ou suivent les journalistes, sont extrêmement fatigantes. (À cela s'ajoute que je m'efforce de répondre à tout le courrier, et qu'il a fallu, surtout dans les jours suivant la participation à des émissions de télévision, se laisser approcher par des inconnus croisés dans la rue ou le métro, toujours gentils mais aussi curieux, voire recueillir des confidences inopinées.) Dans un passage du livre, je dis qu'il m'est arrivé de me rendre dans des lieux de rencontres sexuelles avec la même anxiété que celle éprouvée juste avant de donner une conférence, présageant de mon épuisement après avoir abandonné sans aucune réticence mon corps, comme je me sens tout entière aspirée dans un texte qui me relie à un auditoire. Ce que je ressens depuis plus de six mois du dépeçage médiatique, systématique, minutieux, professionnel, de ma personne est de même nature. Je pense faire preuve de la même disponibilité, et l'exténuation tient moins au vampirisme des autres qui me viderait de ma substance qu'au contraire à l'effort de me reconstruire chaque fois, avec honnêteté, sous leurs yeux. Comme si je devais assumer une démultiplication de Catherine M., et aussi bien de Catherine Millet, sans pourtant jamais me trahir. Il faut croire que décidément cette plasticité appartient à mon économie libidinale...

J'ai longtemps été habitée par les personnages de Bernanos, rêvant d'atteindre dans ma vie la même faculté de don de soi, tout en étant consciente que beaucoup de ces personnages tombent plus facilement dans le mal qu'ils ne réalisent le bien et que les saints échouent dans l'accom plissement des miracles. Du moins, à ceux qui viennent m'interroger, pensant obtenir quelque secret à propos du sexe, est-ce que je ne pourrais pas répondre en employant à peu près les mêmes mots que la Chantal de *La Joie* : « J'en impose un peu, comme ça, j'ai l'air de tenir bon, et je ne vaux déjà plus rien... Certes, je ne crois pas avoir jamais menti à personne ; le malheur seulement est que je fasse illusion sans le vouloir [...]. Vous vous dites simplement que je dois en savoir plus long que je n'en ai l'air [...]. Hé bien, non... »

Je suis infiniment reconnaissante à Chantal Thomas d'avoir immédiatement écrit à propos de Catherine M. que « c'est la permissivité et non la transgression qui l'attire ». Et je n'ai pas été très étonnée lorsque des critiques hostiles à mon livre ont été exprimées par des gens dont on peut croire, pourtant, qu'ils ont eux-mêmes une sexualité relativement affranchie. Ceux-ci doivent trouver leur plaisir dans la transgression, donc avoir besoin de maintenir des tabous, notamment dans la parole, pour continuer de jouir en cachette. N'ayant jamais attribué au sexe une valeur sacrée, je n'ai jamais éprouvé le besoin de l'enfermer dans un tabernacle comme le font finalement ceux qui me reprochent de faire tomber tout mystère.

Un effet réconfortant du succès du livre est qu'il montre qu'en quelque sorte ma « permissivité » rencontre la liberté d'un très grand nombre de personnes qui peuvent sans inhibition entrer dans une librairie pour acheter cette *Vie sexuelle*, puis en discuter entre elles, etc. Quitte à agacer encore un peu plus ceux qui craignent que je leur subtilise le marquis de Sade, j'ajouterai que des mères m'ont dit en avoir parlé avec leur fille, des filles avec leur mère. Dans une page de ce livre, je m'amuse à imaginer une société suffisamment tolérante pour que des voisins de compartiment, dans un train, qui ne se connaissent pas, s'échangent avec naturel des revues porno. Ailleurs, je propose cette fantaisie : baiser dans un hall de gare sans qu'aucun passant ne s'en offusque. Comment ne pas voir, dans la circulation du livre et dans la circulation de la parole autour, ce qui, dans l'ordre du possible, est envisageable comme réalisation de ce lissage des relations humaines, lissage qui se ferait au travers de la libre reconnaissance du désir sexuel, au travers de sa tolérance, et dont quelques-unes de mes pages donnent une représentation évidemment utopique, fantasmatique ? Et comment ne pas se réjouir de cette vision ?

Ce texte a été publié pour la première fois dans la revue *L'Infini*, n° 77, janvier 2002, Gallimard.

1. Le nombre

Enfant, j'ai beaucoup été préoccupée par des questions de nombre. Le souvenir que l'on garde des pensées ou des actions solitaires pendant les premières années de la vie est net : ce sont là les premières occasions données à la conscience d'apparaître à elle-même, tandis que les événements partagés avec autrui demeurent pris dans l'incertitude des sentiments (admiration, crainte, amour ou détestation) que nous inspirent les autres et que, enfant, on est encore, moins qu'à l'âge adulte, apte à départager ou même à comprendre. Je me souviens donc particulièrement des réflexions qui m'entraînaient chaque soir, avant l'endormissement, dans une scrupuleuse occupation de comptage. Peu de temps après la naissance de mon frère (j'avais alors trois ans et demi), ma famille a emménagé dans un nouvel appartement. Pendant les premières années où nous l'avons occupé, on avait installé mon lit dans la plus grande pièce, face à la porte. Je ne trouvais pas le sommeil tant que, fixant la lumière qui provenait de la cuisine où ma mère et ma grand-mère s'affairaient encore, de l'autre côté du couloir, je n'avais pas envisagé, les unes après les autres, ces questions. L'une d'entre elles portait sur le fait d'avoir plusieurs maris. Non pas sur la possibilité d'une telle situation, qui semble avoir été admise, mais bien sûr ses conditions. Une femme pouvait-elle avoir plusieurs maris en même temps ou bien seulement l'un après l'autre ? Dans ce cas, combien de temps devait-elle rester mariée avec l'un avant de pouvoir changer ? Combien pouvait-elle « raisonnablement » en avoir : quelques-uns, de l'ordre de cinq ou six, ou bien un nombre beaucoup plus important, voire illimité ? Comment m'y prendrai-je, moi, lorsque je serai grande ?

Au fil des années, s'est substitué au comptage des maris celui des enfants. Je suppose que pouvant me trouver sous l'emprise de la séduction d'un homme identifié (successivement : des acteurs de cinéma, un cousin germain, etc.) et fixant mes rêveries sur ses traits, j'étais peut-être moins livrée à l'incertitude. J'imaginais de façon plus concrète ma vie de femme mariée et donc la présence d'enfants. Se reposaient sensiblement les mêmes questions : six était-il le nombre « raisonnable » ou bien pouvait-on en avoir plus ? Quel écart d'âge pouvait-il y avoir entre chacun ? S'ajoutait la répartition entre filles et garçons.

Je ne peux me remémorer ces réflexions sans les rattacher à d'autres obsessions qui m'occupaient dans les mêmes moments. J'avais établi avec Dieu une relation qui m'obligeait chaque soir à me soucier de son alimentation, et l'énumération des plats et des verres d'eau que je lui faisais parvenir par la pensée – inquiète de la juste quantité, du rythme de la transmission, etc. – alternait donc avec ces interrogations sur le remplissage de ma vie future avec maris et enfants. J'étais très religieuse et il n'est pas impossible que la confusion dans laquelle je percevais l'identité de Dieu et de son fils ait favorisé mon inclination pour les activités de comptage. Dieu était la voix tonnante qui rappelait les hommes à l'ordre sans montrer son visage. Mais on m'avait enseigné qu'il était en même temps le baigneur en plâtre rose que je plaçais chaque année dans la crèche, le malheureux cloué sur la croix devant laquelle on prie – pourtant, l'un et l'autre étaient aussi son fils –, ainsi qu'une sorte de fantôme appelé Saint-Esprit. Enfin, je savais bien que Joseph était le mari de la Vierge et que Jésus, tout en étant Dieu et fils de Dieu, l'appelait « Père ». La Vierge elle-même était bien la mère de Jésus, mais il arrivait qu'on dise qu'elle en était la fille.

Parvenue à l'âge de fréquenter le catéchisme, j'ai un jour demandé un entretien au prêtre. Le problème qu'il fallait que je lui expose était le suivant : je voulais devenir religieuse, « épouser Dieu », et partir missionnaire dans une Afrique où pullulaient les peuplades démunies, mais je souhaitais aussi avoir maris et enfants. Le prêtre était un homme laconique qui coupa court à l'entretien, jugeant ma préoccupation prématurée.

Jusqu'à ce que naisse l'idée de ce livre, je n'ai jamais trop réfléchi sur ma sexualité. J'étais toutefois consciente d'avoir eu des rapports multiples de façon précoce, ce qui est peu coutumier, surtout pour les filles, en tout cas dans le milieu qui était le mien. J'ai cessé d'être vierge à l'âge de dix-huit ans – ce qui n'est pas spécialement tôt – mais j'ai partouzé pour la première fois dans les semaines qui ont suivi ma défloration. Je n'ai évidemment pas été celle qui, cette fois-là, prit l'initiative de la situation, mais je fus celle qui la précipita, ce qui est resté à mes propres yeux un fait inexpliqué. J'ai toujours considéré que les circonstances avaient mis sur mon chemin des hommes qui aimaient faire l'amour en groupe ou regarder leur partenaire faire l'amour avec d'autres hommes et l'unique idée que j'avais de moi-même à ce sujet était qu'étant naturellement ouverte aux expériences, n'y voyant pas d'entrave morale, je m'étais volontiers adaptée à leurs mœurs. Mais je n'en ai jamais tiré aucune théorie, et je n'ai donc jamais été une militante.

Nous étions trois garçons et deux filles et nous finissions de dîner dans un jardin, sur une colline au-dessus de Lyon. J'étais venue rendre visite à un jeune homme dont j'avais fait la connaissance peu de temps auparavant, lors d'un séjour à Londres, et j'avais profité de la voiture du petit ami d'une amie, André, lui-même lyonnais, pour descendre de Paris. Sur la route, comme j'avais demandé que l'on s'arrête pour faire pipi, André était venu me regarder et me caresser alors que j'étais accroupie. Ce n'était pas une situation désagréable mais elle me rendait néanmoins un peu honteuse, et c'est peut-être dès ce moment-là que j'ai appris à me sortir de l'embarras en plongeant le visage vers l'entrejambe et en prenant la queue dans ma bouche. Arrivée à Lyon, je suis restée avec André et nous nous sommes installés chez des amis à lui, un garçon appelé Ringo qui vivait avec une femme plus âgée à qui appartenait la maison. Cette dernière s'était absentée, et les garçons en ont profité pour faire une petite fête. Un autre garçon est venu, accompagné d'une fille, longue, avec des cheveux très courts et drus, un peu masculine.

C'était en juin ou en juillet, il faisait chaud et quelqu'un a lancé que nous devrions tous nous déshabiller et plonger ensemble dans le grand bassin. J'ai entendu la voix d'André, s'exclamant que sa copine ne serait pas la dernière à s'y mettre, un peu étouffée parce qu'en effet j'avais déjà le T-shirt par-dessus la tête. J'ai oublié à partir

de quelle date et pour quelle raison j'avais cessé de porter des sous-vêtements (alors que ma mère m'avait fait
porter, dès l'âge de treize ou quatorze ans, soutien-
gorge à armature et gaine-culotte sous prétexte qu'une
femme « devait être tenue »). Toujours est-il que je me
suis retrouvée presque immédiatement nue. L'autre fille
a commencé elle aussi à se dévêtir, mais finalement personne n'est entré dans l'eau. Le jardin était à découvert ;
pour cette raison sans doute, les images qui me reviennent ensuite sont celles de la chambre, moi dans le creux
d'un haut lit en fer forgé, ne voyant à travers les barreaux
que les murs restés fortement éclairés, devinant l'autre
fille allongée sur un divan dans un angle de la pièce.
André m'a baisée le premier assez longuement et tran-
quillement comme c'était sa manière. Puis il s'est interrompu brusquement. Une ineffable inquiétude m'a
gagnée, juste le temps de le voir s'éloigner, marchant
lentement, les reins creusés, vers l'autre fille. Ringo est
venu le remplacer sur moi, tandis que le troisième
garçon, qui était plus réservé et qui parlait moins que
les autres, accoudé près de nous, passait sa main libre
sur le haut de mon corps. Le corps de Ringo était très
différent de celui d'André et je l'aimais mieux. Il était
plus grand, plus nerveux, et Ringo était de ceux qui
détachent le travail du bassin du restant du corps, qui
martèlent sans couvrir, le torse dressé sur les bras. Mais
à mes yeux, André apparaissait comme un homme plus
mûr (en effet plus âgé ; il était allé en Algérie), sa chair
était un peu plus molle et ses cheveux déjà un peu
moins fournis, et je trouvais agréable de m'endormir
lovée contre lui, les fesses sur son ventre, lui disant que
j'avais juste les bonnes proportions pour ça. Ringo s'est
retiré et celui qui regardait en me caressant a pris son

tour alors que je retenais depuis un certain temps une terrible envie d'uriner. Il a fallu que j'y aille. Le garçon timide est resté dépité. Quand je suis revenue, il était avec l'autre fille. Je ne sais plus qui d'André ou de Ringo a pris la précaution de me dire que lui-même était seulement allé « finir » avec elle.

Je suis restée environ deux semaines à Lyon. Mes copains travaillaient dans la journée et je passais mes après-midi avec l'étudiant rencontré à Londres. Quand ses parents étaient absents, je me couchais sur son cosy et lui se couchait sur moi et je devais être attentive à ne pas cogner ma tête contre l'étagère. Je n'avais pas encore beaucoup d'expérience mais je le regardais comme encore plus novice que moi à la manière dont il glissait furtivement son sexe encore un peu souple et moite dans mon vagin, et dont son visage bientôt s'affaissait dans mon cou. Il devait être suffisamment préoccupé par ce qu'étaient, devaient être les réactions d'une femme pour me demander très sérieusement si le sperme projeté sur les parois du vagin ne procurait pas un plaisir spécifique. J'ai été interloquée. C'est à peine si je ressentais bien la pénétration du membre, alors que je puisse distinguer quand une petite flaque visqueuse se répandait au fond de moi ! « Vraiment, c'est curieux, pas la moindre sensation en plus ? – Non, rien du tout. » Il était plus soucieux que moi.

La petite bande venait m'attendre en fin d'après-midi sur le quai où débouchait la rue. Ils étaient joyeux, et le père de l'étudiant, les apercevant un jour, avait déclaré, en mettant plutôt de la cordialité dans la remarque, que je devais être une sacrée fille pour avoir tous ces gars à ma disposition. À vrai dire, je ne comptais plus. J'avais complètement oublié mes interrogations enfantines sur le nombre autorisé de maris. Je n'étais pas une « collectionneuse », et ceux que je voyais dans les surprises-parties, garçons ou filles, flirter – c'est-à-dire peloter ou se faire peloter et s'embrasser à pleine bouche tant que la respiration peut être tenue – avec le maximum de gens pour s'en vanter le lendemain au lycée, m'offusquaient. Je me contentais de découvrir que cette défaillance voluptueuse que j'éprouvais au contact de l'ineffable douceur de toutes lèvres étrangères, ou lorsqu'une main s'appliquait sur mon pubis, pouvait se renouveler à l'infini puisqu'il s'avérait que le monde était plein d'hommes disposés à cela. Le reste m'était indifférent. Je faillis être déflorée plus tôt par un flirt qui me faisait pas mal d'effet, un garçon au visage un peu mou, aux lèvres immenses, aux cheveux d'un noir total. Peut-être que, sous le pull retroussé qui m'engonçait, étirant le bord de la culotte jusqu'à me cisailler l'aine, un bras, une main n'avaient encore jamais parcouru autant de surface de mon corps. Telle fut la première fois où je me suis sentie étreinte par le plaisir. Le garçon m'a demandé si « j'en voulais plus ». Je n'avais aucune idée de ce que cela pouvait vouloir dire mais j'ai dit que non, parce que je n'imaginais pas ce que je pourrais avoir de « plus ». D'ailleurs, j'ai interrompu la séance et, bien que ce flirt ait été une relation suivie, retrouvée régulièrement au moment des vacances, je n'ai pas pensé à la renouveler. Je n'étais pas tellement préoccupée non plus par l'envie de « sortir » avec quelqu'un – ni avec quelques-uns. Par deux fois, je tombai amoureuse, chaque fois d'un homme avec lequel les relations physiques étaient d'emblée empêchées, le premier venait de se marier et, de toute façon, ne me témoignait pas d'intérêt, le second vivait au loin. Je ne tenais donc pas à m'attacher à un petit ami. L'étudiant était trop fade, André était quasiment fiancé à mon amie et Ringo vivait maritalement. Et j'avais à Paris cet ami avec qui j'avais fait l'amour pour la première fois, Claude, qui lui-même semblait amoureux d'une jeune fille bourgeoise, capable de lui dire des phrases aussi poétiques que « touche mes seins comme ils sont doux ce soir », sans lui permettre d'aller plus loin. Cet exemple m'avait confusément fait comprendre d'emblée que je n'appartenais pas à la classe des séductrices, et que par conséquent ma place dans le monde était moins parmi les autres femmes, face aux hommes, qu'aux côtés des hommes. Tout simplement, rien ne m'empêchait de renouveler l'expérience d'aspirer une salive dont le goût est toujours différent, de presser dans la main, sans le voir, un objet toujours inattendu. Claude avait une belle bite, droite, bien proportionnée, et les tout premiers accouplements m'ont laissé le souvenir d'une sorte d'engourdissement, comme si j'avais été raidie et obturée par elle. Quand André s'était débraguetté à hauteur de mon visage, j'avais été étonnée de découvrir un objet plus petit, plus malléable aussi parce que, à la différence de Claude, il n'était pas circoncis. Une bite immédiatement décalottée s'adresse au regard, elle fait naître l'excitation par son apparence de monolithe lisse, tandis qu'un prépuce qu'on peut faire aller et venir, qui découvre le gland comme une grosse bulle qui se forme à la surface d'une eau savonneuse, suscite une sensualité plus fine, sa souplesse se propageant en ondes jusqu'à l'orifice du corps partenaire. La bite de Ringo était plutôt de la famille de celle de Claude, celle du garçon timide plutôt de celle d'André, celle de l'étudiant appartenait à une catégorie que je reconnaîtrai plus tard, de celles qui, sans être particulièrement grosses mais peut-être en raison d'une enveloppe cutanée plus dense, procurent dans la main une immédiate sensation de consistance. J'apprenais que chaque sexe appelait de ma part des gestes, voire des comportements différents. Et de même qu'il me fallait chaque fois m'adapter à un autre épiderme, une autre carnation, une autre pilosité, une autre musculature (il va de soi, par exemple, que non seulement on n'agrippe pas de la même façon un torse au-dessus de soi selon qu'il est lisse comme une pierre ou alourdi de seins légèrement formés, ou qu'il brouille la vue de l'écran d'une toison, mais encore ces visions ne résonnent pas de la même façon dans l'imaginaire : ainsi, il m'apparaît rétrospectivement que j'avais tendance à être plus soumise avec des corps secs ou un peu défaits comme si je les considérais vraiment mâles, tandis que j'avais plus d'initiative avec des corps plus lourds que je féminisais quelle qu'ait été leur taille), de même la complexion propre à chaque corps semblait induire ses propres postures : je me rappelle agréablement un corps très nerveux, dont la verge effilée se fichait exclusivement dans mon cul présenté haut, par à-coups et comme à distance, sans qu'aucune autre partie de mon corps ne soit pratiquement touchée, sinon les hanches tenues par les mains ; inversement, les hommes gros, qui pourtant m'attiraient, m'indisposaient – mais sans que j'aie jamais cherché à me dégager – lorsqu'ils me couvraient trop, et que, accordant leur comportement à leur corpulence, ils avaient tendance à bécoter, à débarbouiller. Bref, je suis entrée dans la vie sexuelle adulte comme, petite fille, je m'engouffrais dans le tunnel du

train fantôme, à l'aveugle, pour le plaisir d'être ballot-
tée et saisie au hasard. Ou encore : absorbée comme une
grenouille par un serpent.

Quelques jours après mon retour à Paris, André m'a
envoyé une lettre pour me prévenir, avec tact, que nous
avions tous attrapé une chaude-pisse. C'est ma mère
qui avait décacheté l'enveloppe. On m'a envoyée chez
le médecin, interdit les sorties. Mais, désormais, une
pudeur devenue extrêmement intransigeante ne me
permettait plus de supporter la cohabitation avec mes
parents alors qu'ils pouvaient m'imaginer en train de
faire l'amour. J'ai fugué, ils m'ont rattrapée ; finalement,
je les ai définitivement quittés pour aller vivre avec
Claude. La chaude-pisse m'avait baptisée ; par la suite,
pendant des années, j'ai vécu dans la hantise de ce
cisaillement qui toutefois ne m'apparaissait pas être plus
qu'une sorte de marque distinctive, la fatalité partagée
de ceux qui baisent beaucoup.

« Comme un noyau »

Dans les plus vastes partouzes auxquelles j'ai participé, à partir des années qui ont suivi, il pouvait se trouver jusqu'à cent cinquante personnes environ (toutes ne
baisant pas, certaines venues là seulement pour voir),
parmi lesquelles on peut en compter environ un quart
ou un cinquième dont je prenais le sexe selon toutes les
modalités : dans les mains, dans la bouche, par le con et
par le cul. Il arrivait que j'échange baisers et caresses
avec des femmes, mais cela restait secondaire. Dans
les clubs, la proportion était beaucoup plus variable
en fonction de la fréquentation bien sûr mais aussi des

usages de l'endroit – j'y reviendrai. L'estimation serait encore plus difficile à faire pour les soirées passées au Bois : ne faudrait-il prendre en considération que les hommes que j'ai sucés, la tête coincée contre leur volant, ceux avec qui j'ai pris le temps de me déshabiller dans la cabine d'un camion, et négliger les corps sans tête qui se relayaient derrière la portière de la voiture, secouant d'une main folle leur queue diversement raide, tandis que l'autre main plongeait par la vitre ouverte pour malaxer énergiquement ma poitrine ? Aujourd'hui, je suis capable de comptabiliser quarante-neuf hommes dont je peux dire que leur sexe a pénétré le mien et auxquels je peux attribuer un nom ou, du moins, dans quelques cas, une identité. Mais je ne peux chiffrer ceux qui se confondent dans l'anonymat. Dans les circonstances que j'évoque ici, et même s'il y avait, dans les partouzes, des gens que je connaissais ou reconnaissais, l'enchaînement et la confusion des étreintes et des coïts étaient tels que si je distinguais les corps, ou plutôt leurs attributs, je ne distinguais pas toujours les personnes. Et même lorsque j'évoque les attributs, je dois avouer que je n'avais pas toujours accès à tous ; certains contacts sont très éphémères et, si je pouvais les yeux fermés reconnaître une femme à la douceur de ses lèvres, je ne la reconnaissais pas forcément à des attouchements qui pouvaient être énergiques. Il m'est arrivé de ne réaliser qu'après coup que j'avais échangé des caresses avec un travesti. J'étais livrée à une hydre. Cela, jusqu'à ce qu'Éric se détache du groupe pour venir m'en dégager, ainsi qu'il le dit lui-même, « comme un noyau de sa coque ».

J'ai fait la connaissance d'Éric à l'âge de vingt et un ans, non sans qu'il m'ait été « annoncé » ; des amis communs m'avaient à plusieurs reprises assuré que, étant donné mes dispositions, il était en effet l'homme que je devais rencontrer. Après les vacances lyonnaises, j'avais continué, avec Claude, à avoir des relations sexuelles à plusieurs. Avec Éric, le régime s'est intensifié, non seulement parce qu'il m'emmenait dans des endroits où je pouvais, comme on vient de le voir, me livrer à un nombre incalculable de mains et de verges, mais surtout parce que les séances étaient véritablement organisées. À mes yeux, une nette différence a toujours été établie entre, d'une part, les circonstances plus ou moins improvisées qui conduisent des convives à se redistribuer sur les canapés et les lits, après un dîner, ou qui font qu'une bande animée se retrouve à tourner en voiture porte Dauphine, jusqu'à ce que le contact avec d'autres voitures prenne et que les passagers de chacune finissent par se mélanger dans un grand appartement et, d'autre part, les soirées élaborées par Éric et ses amis. Je préférais l'inflexible déroulement de ces dernières, et leur but exclusif : il n'y avait ni précipitation ni crispation ; aucun facteur étranger (alcool, comportement démonstratif…) ne grippait la mécanique des corps. Jamais leurs allées et venues ne s'écartaient de leur détermination d'insectes.

Les soirées que Victor donnait à l'occasion de ses anniversaires étaient celles qui m'impressionnaient le plus. Il y avait à l'entrée de la propriété des gardiens qui tenaient des chiens et parlaient dans des talkies-walkies, et la foule m'intimidait. Certaines femmes s'étaient habillées pour la circonstance, elles portaient des robes ou des chemisiers transparents que j'enviais, et tout le temps que les gens arrivaient et se retrouvaient en buvant du champagne, je me tenais à l'écart. Finalement, je ne me sentais à l'aise que lorsque j'avais quitté ma robe ou mon pantalon. Mon habit véritable, c'était ma nudité, qui me protégeait.

L'architecture de l'endroit m'amusait parce que cela ressemblait à la décoration d'une boutique alors très à la mode, sur le boulevard Saint-Germain, qui s'appelait « La Gaminerie ». C'était, en plus grand que la boutique, une grotte, avec ses alvéoles, en stuc blanc. On était en sous-sol et l'éclairage venait du fond d'une piscine, sur laquelle la « grotte » donnait directement. À travers une vitre qui faisait comme un immense écran de télévision, on voyait évoluer les corps qui plongeaient depuis le niveau supérieur. Je décris un lieu dans lequel je ne me suis jamais beaucoup déplacée. L'échelle des choses avait changé autour de moi, mais ma situation n'était pas très différente de ce qu'elle avait été la première fois, avec mes camarades lyonnais. Éric m'installait sur un des lits ou des canapés placés dans les alcôves, respectant un vague usage en prenant l'initiative de me déshabiller et de m'exposer. Il pouvait commencer à me caresser et à m'embrasser, le relais était immédiatement pris par d'autres. Je restais presque toujours sur le dos, peut-être parce que l'autre position la plus commune, qui consiste pour la femme à enfourcher activement le bassin de l'homme, se prête moins à l'intervention de plusieurs participants et implique de toute façon une relation plus personnelle entre les deux partenaires. Couchée, je pouvais recevoir les caresses de plusieurs hommes pendant que l'un d'entre eux, dressé pour dégager l'espace, pour voir, s'activait dans mon sexe. J'étais tiraillée par petits bouts ; une main frottant d'un mouvement circulaire et appliqué la partie accessible du pubis, une autre effleurant largement tout le torse ou préférant agacer les mamelons… Plus qu'aux pénétrations, je prenais du plaisir à ces caresses et, en particulier, à celles des verges qui venaient se promener sur toute la surface de mon visage ou frotter leur gland sur mes seins. J'aimais bien en attraper une au passage, dans ma bouche, faire aller et venir mes lèvres dessus tandis qu'une autre venait réclamer de l'autre côté, dans mon cou tendu. Et tourner la tête pour prendre la nouvelle venue. Ou en avoir une dans la bouche et une dans la main. Mon corps s'ouvrait plus sous l'effet de ces attouchements, de leur relative brièveté et de leur renouvellement, que sous celui des saillies. À propos de celles-ci, je me rappelle surtout l'ankylose de mon entrecuisse après avoir été « travaillée » parfois près de quatre heures, d'autant que beaucoup d'hommes ont tendance à maintenir les cuisses de la femme très écartées, là aussi pour profiter de la vue, et pour aller frapper plus loin. Au moment où on me laissait en repos, je prenais conscience que l'engourdissement avait gagné mon vagin. Et c'était une volupté d'en sentir les parois raidies, lourdes, légèrement endolories, gardant en quelque sorte l'empreinte de tous les membres qui s'y étaient logés.

Cette place d'araignée active au milieu de sa toile me convenait. Je me suis trouvée une fois – ce n'était pas chez Victor mais dans un sauna de la place Clichy – ne pas quitter pratiquement de la soirée le fond d'un gros fauteuil, alors même qu'un lit immense occupait le centre de la pièce. La tête à hauteur des parties qui se présentaient, je pouvais sucer et pomper pendant que, les bras sur les accoudoirs, je branlais deux sexes en même temps. Mes jambes étaient très relevées et, l'un après l'autre, ceux qui avaient été suffisamment excités venaient poursuivre dans le con.

Je transpire très peu mais j'étais parfois inondée de la sueur de mes partenaires. Par ailleurs, il y a toujours des filets de sperme qui sèchent en haut des cuisses, quelquefois sur les seins ou le visage, voire dans les cheveux, et les hommes qui partouzent aiment bien décharger dans un con déjà tapissé de foutre. De temps en temps, sous prétexte d'aller aux toilettes, j'arrivais quand même à m'extirper du groupe et à me laver. La maison de Victor comprenait une salle de bains où la lumière bleutée était assez claire sans être violente. Un miroir au-dessus de la baignoire prenait tout le mur et l'image profonde et fondue qu'il reflétait adoucissait encore plus l'atmosphère. J'y voyais mon corps, étonnée de le découvrir plus menu que je ne le ressentais quelques instants auparavant. Là, avaient lieu des échanges tranquilles. Il y avait toujours quelqu'un pour me complimenter sur ma peau mate ou sur le savoir-faire dont je faisais preuve avec la bouche – ce que je ne recevais pas de la même façon que lorsque, ensevelie, j'entendais, comme s'il avait été très loin, un groupe échanger des impressions à mon sujet, comme un malade perçoit à travers son assoupissement la conversation du docteur et des internes faisant leur tournée de lit en lit.

Jet d'eau sur ma chatte ouverte et engourdie. Mais il était rare que celui qui venait là aussi pour une pause ne profite pas du moment où je m'accroupissais sur le bidet pour agiter sur mes lèvres une bite ramollie mais toujours disposée. Et à plusieurs reprises, à peine rafraîchie, debout, les mains sur le bord du lavabo, j'ai offert ma vulve à la pression de plus en plus sûre d'un sexe qui finalement réussissait à donner encore quelques coups de boutoir. Un des plaisirs que j'aime le plus retrouver est celui que procure un sexe qui se glisse ainsi entre les grandes lèvres et s'y affirme, en les décollant progressivement l'une de l'autre, avant de s'engouffrer dans un espace dont j'ai eu tout le temps de bien éprouver la béance.

Je n'ai jamais eu à souffrir d'aucun geste maladroit ou brutal et j'ai toujours plutôt bénéficié d'attention. Si j'étais fatiguée, ou si la position devenait inconfortable, il suffisait que je le fasse savoir, souvent d'ailleurs par l'intermédiaire d'Éric, jamais loin, pour qu'on me laisse me reposer ou me lever. En fait, la gentillesse sans insistance, presque indifférente, dont j'étais entourée dans les partouzes, convenait parfaitement à la très jeune femme que j'étais, gauche dans ses relations avec autrui. La population du Bois était plus mélangée – aussi socialement – et il me semble que j'ai dû avoir affaire là, parfois, à des hommes plus timides encore que moi. Je voyais peu les visages mais j'ai croisé des regards qui me considéraient dans une sorte d'expectative, certains même avec étonnement. Il y avait les habitués, qui connaissaient les lieux, organisaient brièvement le déroulement des choses, et ceux dont la présence était plus furtive, ceux aussi qui regardaient sans se mêler. Le cadre et les protagonistes avaient beau changer d'une fois sur l'autre et Éric s'employer à renouveler les situations – moi l'accompagnant toujours avec un peu d'appréhension –, mon plaisir était paradoxalement de retrouver dans ces circonstances inconnues des réflexes, des relations familières.

Il y eut un épisode contrasté. J'avais trouvé place sur un de ces bancs de béton particulièrement rugueux à cause du granulat qu'ils contiennent. Un groupe s'était formé : j'avais de part et d'autre de la tête les bas-ventres de trois ou quatre hommes qui venaient se faire prendre dans ma bouche, mais je pouvais aussi apercevoir de biais la trace claire des mains de ceux qui formaient le second cercle, qu'ils secouaient sur leur bite et qui ressemblaient à des ressorts qu'on fait vibrer. Derrière, il y avait encore quelques ombres attentives. Au moment où on commençait à retrousser mes vêtements, le fracas d'un accident de voiture s'est fait entendre. On m'a laissée. Nous étions dans un de ces bosquets aménagés le long du boulevard de l'Amiral-Bruix, près de la porte Maillot. J'ai attendu quelques instants puis suis allée rejoindre le groupe à l'entrée entre les haies. Une Mini Austin était venue emboutir une borne lumineuse au milieu de l'avenue. Quelqu'un a dit qu'il y avait une jeune femme à l'intérieur. Un petit chien affolé courait en tout sens. La borne, les phares de la voiture restaient éclairés dans un étrange mélange de lumières jaunes et blanches. On a dû assez vite entendre les sirènes des voitures de secours car j'ai regagné le banc. Comme si l'espace à l'intérieur du bosquet avait été élastique, le cercle s'est reformé et les acteurs ont repris la scène là où elle avait été interrompue. Quelques mots ont été échangés ; la vision de l'accident faisait tout à coup ressortir le lien jusqu'alors muet entre les gens, et moi je retrouvais mon éphémère petite communauté, tout entière complice dans la poursuite de son activité particulière.

J'aimais me couler dans les rares échanges de propos et les gestes ou les attitudes ordinaires qui, au Bois, tout à la fois tempèrent et mettent en relief les rencontres extraordinaires. Un soir que la porte Dauphine était quasi déserte, nous avons vu dans les phares de la voiture deux hommes extrêmement grands, noirs, qui se tenaient au bord du trottoir. Ils avaient l'air de deux personnes égarées ou qui, dans une banlieue désolée, attendent un improbable bus. Ils nous ont emmenés tout près de là, dans une chambre de bonne. La pièce et le lit étaient étroits. Ils m'ont prise l'un après l'autre. Pendant que l'un était sur moi, l'autre se tenait assis sur le coin du lit sans chercher à intervenir. Simplement, il regardait. Ils avaient des mouvements assez lents, de longues queues comme je n'en avais jamais vu, pas trop grosses, qui pénétraient loin sans que j'aie à beaucoup écarter les jambes. Ils étaient comme des jumeaux. Ce furent deux accouplements qui s'enchaînèrent dans des caresses sans précipitation. Ils me touchaient avec exactitude et c'était en retour une merveille pour moi que de profiter de cette immense surface de peau qu'ils m'offraient. Je crois bien que, cette fois-là, j'ai pris le temps de ressentir complètement le patient forage. Pendant que je me rhabillais, ils bavardaient avec Éric des habitudes du bois de Boulogne et de leur travail de cuisiniers. Puis ils m'ont remerciée quand nous les avons quittés, avec la justesse des hôtes sincères, et le souvenir que je garde d'eux est empreint d'affection.

« Chez Aimé », les rapports entre les personnes avaient moins de civilité. Chez Aimé était un club échangiste très couru. On venait de très loin, parfois de l'étranger, y prendre pension. Des années après qu'il eut fermé, je m'étonnais encore comme une midinette lorsque Éric m'énumérait le nom des personnalités, vedettes du cinéma, de la chanson ou du sport, hommes d'affaires que j'avais pu y connaître sans avoir suffisamment ouvert les yeux pour les reconnaître. Dans les années où nous le fréquentions, un film sortit qui parodiait des aspects de la libération sexuelle. Une scène se passait dans un club qui ressemblait à Chez Aimé ; on y voyait un groupe d'hommes se presser autour d'une table. Une femme y était couchée, dont on ne distinguait que les jambes haut bottées qui s'agitaient comiquement au-dessus des têtes. Comme c'était en effet la mode des bottes cavalières, que j'en portais, que j'avais l'habitude de les garder alors même que je n'avais plus rien sur le dos, parce qu'elles étaient difficiles à ôter, et que j'ai dû plus d'une fois, renversée sur une table, les exhiber de la sorte, j'avais eu la vanité de penser que c'était peut-être bien mon accoutrement minimal et mes signaux en l'air qui avaient frappé l'imagination du réalisateur.

Le plaisir de se livrer pendant les longues séances Chez Aimé, les fesses rivées au bord d'une grande table de bois, la lumière d'une suspension tombant sur mon torse comme sur un tapis de jeu, n'a d'égal que la détestation que j'avais du chemin qui y conduisait. C'était loin de Paris ; il fallait traverser la noirceur sinistre du bois de Fausses-Reposes, à Ville-d'Avray, et finalement trouver la maison au fond d'un jardinet qui ressemblait à ceux de la banlieue de mon enfance. Éric ne me prévenait jamais du programme de la soirée parce qu'il trouvait l'une de ses satisfactions, je crois, dans l'élaboration de ce programme et les surprises qui y étaient ménagées ; c'était sa façon à lui de créer des conditions « romanesques ». D'ailleurs, je jouais le jeu en ne posant aucune question. Toutefois, quand je comprenais qu'on était sur la route, j'étais anxieuse à la fois à l'idée des inconnus qui m'obligeraient bientôt à me réveiller de moi-même et, par anticipation, de l'énergie qu'il allait me falloir dépenser. C'était un état proche de celui que je connais toujours avant de donner une conférence, quand je sais qu'il va falloir être tout entière concentrée sur mon propos et livrée à l'auditoire. Or, ni les hommes rencontrés dans ces circonstances ni un auditoire plongé dans le noir n'ont de visage et, comme par enchantement, entre l'anxiété préalable et la fatigue qui suit, on n'a pas conscience de sa propre exhaustion.

On entrait par le bar. Je n'ai pas le souvenir d'y avoir été prise bien que le fait d'avoir la chatte en contact avec la moleskine d'un tabouret, les fesses écrasées se prêtant bien au pelotage à la dérobée, ait appartenu au registre de mes fantasmes les plus anciens. Je ne suis pas sûre d'avoir même été très attentive à ce qui se passait autour de moi, aux quelques femmes juchées près du comptoir et dont on venait en effet dégager la motte ou le gras des fesses. Ma place était dans l'une des arrière-salles, allongée comme je l'ai dit sur une table. Les murs étaient nus, il n'y avait ni chaises ni banquettes, rien d'autre dans ces pièces que ces tables rustiques et les lampes qui pendaient du plafond. Alors je pouvais rester là deux ou trois heures. Toujours la même configuration : des mains parcouraient mon corps, moi-même j'attrapais des queues, tournais la tête à droite et à gauche pour sucer, tandis que d'autres queues se poussaient dans mon ventre. Une vingtaine pouvaient ainsi se relayer pendant la soirée. Cette position, la femme sur le dos, son pubis à hauteur de celui de l'homme bien campé sur ses jambes, est une des plus confortables et des meilleures que je connaisse. La vulve est bien ouverte, l'homme est à son aise pour planter bien horizontalement et frapper sans discontinuer le fond de la paroi. Baises vigoureuses et précises. J'avais parfois affaire à des assauts tels que je devais m'accrocher des deux mains au rebord de la table et pendant longtemps je gardais presque en permanence la trace d'une petite écorchure juste au-dessus du coccyx, là où ma colonne vertébrale avait frotté sur le bois rugueux.

Chez Aimé a fini par fermer. Nous y sommes allés une dernière fois ; l'endroit était désert, Aimé, le buste lourd derrière le comptoir, engueulait sourdement sa femme. Il était question d'une convocation à la police judiciaire. Il lui a reproché, parce que nous nous proposions de repasser plus tard, de nous faire fuir.

Ce soir-là, nous avons échoué aux Glycines, première visite en ce qui me concernait à une adresse qui nous avait fait rêver, Claude, un ami, Henri, et moi qui formions le plus amical des trios. Henri habitait un minuscule appartement rue de Chazel, en face du haut mur de jardin recouvert de crépi clair qui dissimulait l'hôtel particulier. Parce que c'était sur notre chemin, Claude et moi avions l'habitude de nous arrêter chez Henri lorsque nous rentrions de la visite dominicale chez nos parents. Nous baisions tous les trois, les deux garçons m'enfilant en même temps, l'un par la bouche, l'autre par le cul ou le con, sous les gais auspices d'un des plus jolis tableaux de Martin Barré, qu'on appelait « le Spaghetti », cadeau de son auteur à Henri, et puis nous guettions par la fenêtre les entrées aux Glycines et les sorties. Henri avait entendu dire que la boîte était fréquentée par des acteurs de cinéma et quelquefois on croyait en voir passer un. Nous étions des gamins, qui sont les meilleurs badauds, fascinés et amusés par une activité secrète que nous ne cherchions même pas à imaginer, plus excités en fait par l'apparence des choses qui nous étaient inaccessibles : les voitures chic qui s'arrêtaient devant le porche, le port bourgeois des silhouettes qui en descendaient. Quand quelques années plus tard j'en ai franchi le porche, j'ai su tout de suite que je préférais le style fruste de Chez Aimé.

Nous avons remonté une petite allée de gravier encombrée par un groupe de Japonais, d'ailleurs éconduits à l'entrée par une jeune femme aux allures d'hôtesse de l'air. Celle-ci m'intima de présenter ma carte de Sécurité sociale, que je n'avais évidemment pas, ni sur moi ni ailleurs, n'ayant pas de travail régulier, et quand bien même aurais-je pu produire un bulletin de salaire, j'étais en faute puisque je suis toujours, encore aujourd'hui, devant une femme plus grande que moi – jamais un homme – et quel que soit son âge, une enfant maladroite. Nous sommes quand même entrés. C'était éclairé comme dans une salle à manger, il y avait du monde, nu sur des matelas à terre, et ce qui me désarçonna encore plus que la menace de « l'inspectrice du travail », c'était que les gens racontaient des blagues. Une femme à la peau blanche, sans maquillage, dont les cheveux défaits présentaient les vestiges du même chignon banane que celui de l'hôtesse, faisait pouffer l'assistance parce que son petit garçon « aurait tellement voulu l'accompagner ce soir ». Je revois Éric, toujours extrêmement pratique, longeant la plinthe du mur à la recherche d'une prise de courant, parce que nous avions réussi à amorcer un échange avec un couple et qu'il aurait été plus agréable de baisser la lumière. Mais des soubrettes naviguaient entre les corps, un plateau de flûtes de champagne à bout de bras ; l'une d'entre elles s'est pris les pieds dans le fil électrique et a rallumé. Elle a même accompagné son geste d'un « merde » appuyé. À la suite de quoi, je n'ai pas le souvenir que nous ayons pris le temps d'attendre que je soutire la moindre émission.

Sauf au Bois – et encore ! on l'a vu –, on ne se mêle pas sans s'être auparavant salué, sans avoir respecté une distance de transition où quelques mots s'échangent, où chacun maintient entre soi et les autres l'espace du verre qu'il offre ou du cendrier qu'il fait passer. J'aurais toujours voulu abolir ce suspense, mais je supportais néanmoins mieux certains rituels que d'autres. Je trouvais drôle Armand qui, alors que tout le monde en était encore aux bavardages, avait l'habitude de se mettre complètement nu, incongru par anticipation de quelques minutes, et pliait ses vêtements avec des précautions de valet de chambre. Ou bien je me prêtais à la manie que je trouvais un peu bête de ce groupe qui ne partouzait pas sans avoir auparavant dîné, chaque fois dans le même restaurant, à la manière d'un club d'anciens élèves, et dont la joie toujours intacte était de faire se déculotter ou « décollanter » une des femmes présentes pendant que le serveur tournait autour de la table. En revanche, raconter des histoires salaces dans une boîte à partouzes me semblait obscène. Était-ce que je distinguais instinctivement entre les saynètes qui sont données en prélude à la vraie comédie, pour mieux y préparer, et les simagrées qui servent plutôt à la différer ? Les actes joués dans le premier cas ne le sont pas dans le second et sont en effet « déplacés ».

Même si j'ai gardé jusqu'à aujourd'hui des réflexes de catholique pratiquante (me signer à la dérobée si je crains un incident dans la minute qui suit, me sentir observée dès que j'ai conscience d'une faute ou d'une erreur…), je ne peux plus vraiment prétendre croire en Dieu. Il est bien possible d'ailleurs que cette croyance m'ait quittée quand j'ai commencé à avoir des rapports sexuels. Donc, sans plus de mission à accomplir, vacante, je me suis trouvée être une femme plutôt passive, n'ayant pas d'objectifs à atteindre, sinon ceux que les autres m'ont donnés. Dans la poursuite de ces objectifs, je suis mieux que constante ; si la vie n'avait pas de terme, je les poursuivrais sans fin, puisque je ne les ai pas définis moi-même. C'est dans cette disposition que je n'ai jamais dérogé à la tâche qui m'a été confiée, il y a longtemps déjà, de diriger la rédaction d'*Art press*. J'ai participé à la création de la revue, je me suis suffisamment consacrée à ce travail pour qu'il se soit établi une identification entre lui et moi, mais je m'y sens plus comme un conducteur qui ne doit pas sortir des rails que comme un guide qui sait où se trouve le port. J'ai baisé de la même façon. Comme j'étais parfaitement disponible, que je ne fixais pas plus en amour que dans la vie professionnelle un idéal à atteindre, on m'a désignée comme une personne sans aucun interdit, exceptionnellement dépourvue d'inhibition, et je n'avais aucune raison de ne pas tenir cette place. Mes souvenirs de partouzes, de soirées passées au Bois ou en compagnie de l'un de mes copains-amants s'articulent entre eux comme les chambres d'un palais japonais. On se croit dans une pièce close jusqu'à ce qu'une paroi coulisse, découvrant une enfilade d'autres pièces, et si l'on s'avance, d'autres parois s'ouvrent et se referment, et si les pièces sont nombreuses, les manières de passer de l'une à l'autre sont incalculables.

Mais dans ces souvenirs, les visites dans les clubs d'échangistes occupent peu de place. Chez Aimé, c'était autre chose : c'était le berceau nu de la baise. Et j'ai gardé en tête le ratage des Glycines parce qu'il a été l'exemplaire actualisation d'une rêverie qui avait été la mienne alors que je sortais à peine de l'adolescence. Peut-être est-ce dû au fait que ma mémoire est surtout visuelle et que je retiens plus, par exemple, de Cléopâtre, club qu'avaient ouvert d'anciens clients de Chez Aimé, sa localisation extravagante au cœur d'un centre commercial du XIIIe arrondissement, que son décor propre et les activités auxquelles je m'y suis livrée, somme toute banales. En revanche, d'autres lieux et d'autres faits sont prégnants que je pourrais presque classer par thèmes.

Il y aurait la vision de la file de voitures, queue vive de notre propre voiture. Ainsi, alors que nous remontons la contre-allée de l'avenue Foch, je suis prise d'une urgente envie de faire pipi. Quatre ou cinq voitures pilent derrière la nôtre. Comme je descends et traverse en courant la bande de gazon pour aller me loger contre un arbre, des portières s'ouvrent ; quelques-uns, se méprenant sur la manœuvre, s'approchent. Éric se précipite pour s'interposer, le lieu est exposé et fortement éclairé. Je réintègre la voiture et le cortège redémarre. Parking à la porte de Saint-Cloud : c'est une quinzaine de voitures que le gardien voit s'engouffrer les unes derrière les autres, puis refaire surface, quasiment dans le même ordre, une heure plus tard. Pendant cette heure-là, une trentaine d'hommes m'ont prise, d'abord en me soulevant à plusieurs et en me maintenant contre le mur, puis couchée sur un capot. Quelquefois le scénario se complique de la nécessité de semer des voitures en route. Les conducteurs se mettent d'accord sur une destination, une file se forme, repérée par d'autres qui se raccordent, mais alors la file est trop longue et il est plus prudent de limiter les participants. Une nuit, nous avons roulé si longtemps que cela ressemblait à un départ en voyage. Un conducteur connaissait un endroit, puis il s'est révélé ne plus être très sûr de la route. Je voyais derrière nous les paires de phares naviguer de droite et de gauche dans la lunette arrière, disparaître et réapparaître. Il y eut plusieurs arrêts, des conciliabules, et finalement j'eus droit aux pines patientes de ceux qui ne s'étaient pas égarés, sous les gradins d'un terrain de sport, du côté de Vélizy-Villacoublay.

L'errance pourrait être un autre thème. Les voitures roulent, s'arrêtent, repartent, braquent sèchement à la façon de jouets téléguidés. Manège de la porte Dauphine : on se considère d'une voiture à l'autre et le mot de passe paraît être : « Vous avez un local ? » Alors quelques voitures quittent le cercle et une sorte de poursuite s'engage vers une adresse inconnue. Il est arrivé, une seule fois il est vrai, que la quête dure un peu trop longtemps et qu'on finisse par faire des bêtises. Je suis avec un groupe d'amis, peu habitués du Bois ; nous sommes serrés à six dans une Renault et nous nous apprêtons à rentrer après avoir tourné en vain. Dans l'une des allées principales, nous repérons deux ou trois voitures à l'arrêt, nous nous rangeons, et moi, brave et fanfaron petit soldat, au nom des autres qui restent à m'attendre, je vais faire une pipe au conducteur de la voiture garée derrière nous. Forcément, deux policiers se campent devant moi quand je m'extirpe. Ils demandent à l'homme qui se reboutonne malcommodément sous le volant s'il m'a payée, relèvent les identités de tout le monde.

Même lorsque ma mémoire s'organise autour de faits corporels, ce sont moins les sensations que les ambiances qui sont d'abord convoquées. Je pourrais réunir beaucoup d'anecdotes liées à l'usage que je fis pendant des années de mon anus, aussi régulièrement, sinon plus parfois, que de mon vagin. Dans un bel appartement situé derrière les Invalides, au cours d'une partouze en petit comité, dans une chambre en mezzanine dont la longue baie vitrée sans vis-à-vis et les lampes nombreuses éclairant au ras du lit évoquent à mes yeux un décor de film américain, je prends par cette ouverture le soliveau d'un géant. Est-ce à cause d'une gigantesque main ouverte en résine teintée, placée dans le salon en guise de table basse, et où une femme peut facilement s'étendre, l'endroit a en soi un caractère démesuré et irréel. Je crains le sexe du gros chat de Cheshire quand je comprends par quelle voie il cherche à pénétrer, mais il réussit sans devoir trop forcer et je suis étonnée, et presque fière, de pouvoir vérifier que la taille ne constitue pas un obstacle. Le nombre n'en est pas un non plus. Pour quelle raison – période d'ovulation ? blenno ? – m'est-il arrivé, dans une partouze où au contraire il y avait foule, de ne baiser qu'avec mon cul ? Je me revois au bas d'un escalier très étroit, rue Quincampoix, hésitante, avant de me décider à monter. Nous avons eu l'adresse, Claude et moi, presque par hasard. Nous ne connaissons personne. L'appartement est bas de plafond, extrêmement sombre. J'entends les hommes près de moi se passer le mot en chuchotant : « Elle veut qu'on l'encule », ou prévenir celui qui s'oriente mal :

« Non, elle ne se fait prendre que par-derrière. » Cette fois-là, à la fin, j'ai eu mal. Mais j'avais aussi la satisfaction toute personnelle de ne pas m'être sentie empêchée.

Rêveries

La relecture des pages qui précèdent fait surgir des images plus anciennes, des images qui, elles, furent fabriquées. Comment je les conçus, bien longtemps avant d'avoir mon premier rapport sexuel, très loin encore de quitter mon ignorance, constitue un séduisant mystère. Quels lambeaux du réel – des photographies dans *Cinémonde*, des allusions de ma mère, comme lorsque, quittant un café où se trouvent un groupe de jeunes gens, dont une seule fille parmi eux, elle maugrée que celle-ci doit coucher avec tout le monde, ou encore le fait que mon père rentre tard le soir, précisément après être allé au café… – ai-je récupérés et noués entre eux, et quelle matière instinctuelle ai-je pétrie pour que les histoires que je me racontais tout en frictionnant l'une contre l'autre les lèvres de ma vulve aient si bien préfiguré mes aventures ultérieures ? J'ai même gardé le souvenir d'une affaire criminelle : l'arrestation d'une femme assez âgée, obscure (elle avait dû être quelque chose comme servante dans une ferme), accusée d'avoir tué son amant. Plus que le meurtre dont j'ai oublié les circonstances, ce qui m'avait frappée, c'était qu'on avait retrouvé chez elle des cahiers sur les pages desquels elle consignait des souvenirs et collait toutes sortes de menues reliques, photographies, lettres, mèches de cheveux, se rapportant à ses amants dont on découvrit qu'ils avaient été extraordinairement nombreux.

Moi qui avais le goût des cahiers herbiers des devoirs de vacances et des albums bien ordonnés où je conservais des photographies d'Anthony Perkins ou de Brigitte Bardot, j'ai admiré qu'elle ait pu rassembler le trésor de ces traces d'hommes dans quelques blocs de papier, et un recoin secret de ma libido fut encore plus troublé du fait que cette femme était laide, en définitive solitaire, sauvage et méprisée.

Des similitudes structurelles sont grandes entre les situations vécues et celles qui sont imaginées bien que je n'aie jamais cherché volontairement à reproduire ces dernières dans la vie, et que le détail de ce que j'ai vécu n'ait que très peu nourri mes rêveries. Peut-être dois-je seulement considérer que les fantasmes forgés dès la petite enfance m'ont rendue disponible pour une grande diversité d'expériences. N'ayant jamais eu honte de ces fantasmes, ne les ayant pas refoulés mais au contraire toujours renouvelés et enrichis, ils n'ont pas constitué une opposition au réel mais plutôt une sorte de grille à travers laquelle des circonstances de la vie que d'autres auraient trouvées extravagantes me sont apparues comme allant de soi.

On nous a peu, mon frère et moi, emmenés jouer dans les squares, mais, sur le chemin de l'école, il y en avait un qu'il était plus commode de traverser. Sur l'un de ses côtés, il était bordé d'un long mur sur lequel on avait appuyé trois jolis abris, en brique et en bois peint en vert, cernés de bosquets. L'un servait à ranger les outils de jardinage, les autres accueillaient les WC publics. Il devait y avoir des bandes de garçons qui traînaient dans ce square. Toujours est-il que la toute première histoire ayant accompagné ma pratique de la masturbation, et reprise pendant de très nombreuses années, me mettait dans la situation d'être entraînée dans l'un de ces abris par un garçon. Je le voyais m'embrasser sur la bouche et me toucher partout, tandis que nous étions rejoints par ses copains. Tous s'y mettaient. Nous restions toujours debout et je pivotais sur moi-même au milieu du groupe serré.

Presque tous les dimanches d'hiver, mon père ou ma mère, en alternance, nous conduisait à la séance en matinée du California du quartier, ceci quel qu'ait été le programme, et de très brèves séquences, à moitié comprises, dans des films d'amour, dans des bandes-annonces, ont pu impulser mon imagination. J'inventais qu'on me permettait d'aller seule au cinéma. Beaucoup de monde faisait la queue. Tout à coup, quelqu'un commençait à me presser le derrière. Là encore, tous mes voisins dans la queue suivaient l'exemple, et quand j'arrivais devant le guichet, la caissière voyait qu'on m'avait retroussé la jupe et je lui parlais pendant que quelqu'un se frottait sur mes fesses ; je n'avais pas de culotte. L'échauffement gagnait. Je me retrouvais dépoitraillée le temps de traverser le hall (car je m'étais façonné une image de moi adulte qui me dotait de beaux seins, image à laquelle je continue encore aujourd'hui d'avoir recours dans mes fantasmes, alors même que mes seins sont de taille tout à fait moyenne). Quelquefois, le directeur du cinéma, placide mais autoritaire, nous demandait d'attendre d'être dans la salle pour poursuivre nos étreintes désordonnées. Dans un premier temps, je gigotais avec un garçon, coincée contre lui sur un même fauteuil. C'était une sorte de chef de bande taciturne qui finalement, m'ayant enfiévrée au maximum, se détournait brutalement de moi pour embrasser une autre fille et m'abandonner à ses hommes avec lesquels je m'affaissais sur la moquette entre les rangées de fauteuils. Développement : des messieurs très bien pouvaient quitter leur siège à côté de leur femme soupçonneuse pour traverser la salle dans le noir et venir eux aussi se vautrer sur moi. Il arrivait que je fasse rallumer la lumière pendant ces ébats ; ou encore j'allais aux toilettes et un va-et-vient s'installait entre celles-ci et la salle. Je crois que de temps en temps je faisais intervenir la police. Variante : c'était le directeur du cinéma qui me faisait venir dans son bureau, puis faisait monter la bande de garçons. Autre version : je suivais jusque dans un terrain vague le groupe qui m'avait entreprise pendant que nous faisions la queue. Là, derrière une palissade, on me mettait complètement nue et on me pelotait. Le groupe était dense et formait un cercle autour de moi, comme une seconde palissade qui me protégeait du regard des passants. Un à un, les garçons se détachaient du cercle pour venir contre moi. Dans une autre histoire, je me trouvais plongée au fond d'une banquette dans une boîte de nuit, un homme de chaque côté de moi. Pendant que je m'affairais avec l'un, que nous nous embrassions goulûment, l'autre me caressait. Puis j'opérais un demi-tour pour embrasser ce dernier, mais le premier ne lâchait pas son étreinte ou bien laissait sa place à un nouveau venu, et ainsi de suite, je basculais sans cesse de droite et de gauche. Je ne suis pas certaine qu'à l'époque où j'ai commencé à me laisser aller à ces fabulations, j'aie déjà eu des flirts, embrassé un seul garçon sur la bouche. J'ai commencé tard. À la sortie du lycée, dans la chambre que je partageais avec mon frère, je retrouvais assez régulièrement un groupe de copains, mais c'était plutôt pour me livrer avec eux à des bagarres. À cet âge, les filles ont le corps plus développé que les garçons; j'étais assez costaude et il m'arrivait d'avoir le dessus.

Puisque je remonte jusqu'à des constructions imaginaires de l'enfance et de l'adolescence, je dois signaler l'écart qui d'abord exista entre celles-ci et mon comportement, surtout, me semble-t-il, à la puberté. Ayant commencé à lire un roman d'Hemingway (*Le soleil se lève aussi*, peut-être), j'avais été suffisamment perturbée par la description de l'un des personnages féminins, en raison du fait qu'il lui était attribué plusieurs amants, pour interrompre ma lecture. Lecture que je n'ai jamais reprise. Une conversation avec ma mère provoqua un autre petit traumatisme. Je ne sais plus comment nous avions abordé le sujet, je la revois seulement mettant le couvert dans la cuisine tout en me confiant que, dans sa vie, elle avait eu sept amants. « Sept, dit-elle en me regardant, ce n'est pas tant que ça », mais il y avait dans ses yeux une timidité interrogative. Je me suis renfrognée. C'était la première fois que j'entendais exprimer de vive voix le fait qu'une femme pouvait avoir connu plusieurs hommes. Elle s'est un peu défendue. Bien longtemps après, quand j'ai repensé à ce rare tête-à-tête, j'ai regretté mon attitude. Sept, qu'était-ce, en regard d'un compte jamais soldé ?

Quand j'ai été mieux avertie de ce en quoi consistaient les actes sexuels, je les ai bien sûr intégrés dans mes rêveries, mais sans que l'accomplissement du coït exclue la possibilité de passer d'un partenaire à l'autre. L'un des récits les plus complets de ce point de vue était le suivant : j'accompagne un homme gros et vulgaire, supposé être un oncle, à un repas d'affaires qui se tient dans le salon particulier d'un restaurant. Vingt, trente hommes sont attablés, et ma première intervention consiste à en faire le tour, cachée sous la nappe, pour dégager leurs parties des pantalons et les prendre successivement dans ma bouche. J'imagine leurs visages au-dessus de moi, mollement défaits, tandis qu'ils s'absentent à tour de rôle et brièvement de la conversation. Ensuite, je monte sur la table et là on s'amuse à me faire prendre différents substituts, cigare, saucisson, quelqu'un vient manger une saucisse dans mon entrecuisse. Au fur et à mesure du déroulement du repas, je suis consciencieusement baisée, les uns m'entraînant sur un sofa, les autres m'enfilant debout, par-derrière, moi pliée sur la table, tandis que la discussion se poursuit alentour. Au passage, le maître d'hôtel et des serveurs en profitent. Si un orgasme n'a pas déjà interrompu ma masturbation, c'est, à la fin, les garçons de cuisine qui nous rejoignent. Me trouver au milieu d'un groupe d'hommes qui vaquent à diverses occupations et qui ne s'interrompent que pour venir me rejoindre avec une sorte de négligence est un schéma récurrent. Un léger déplacement fait de l'oncle un beau-père et de l'assemblée d'hommes d'affaires un groupe de joueurs de cartes (ou d'amateurs de football) qui viennent à tour de rôle me baiser sur un divan tandis que les autres poursuivent la partie (ou s'excitent devant l'écran de télévision).

Toute ma vie, j'aurai repris, modifié des détails, développé avec une méthode de compositeur de fugues ces mêmes quelques récits dont ceux qui me servent aujourd'hui sont toujours de plus ou moins lointaines versions. J'ai fait allusion à des flashes cinématographiques qui ont pu déclencher certains fantasmes. Au moment de sa sortie, je n'ai pas vu *La Collectionneuse* d'Éric Rohmer, mais seulement un court extrait, peut-être dans une émission de télévision. Dans une maison de vacances, un homme pénètre dans une chambre et passe, indifférent, près d'un couple en train de faire l'amour sur un lit ; il échange juste un regard avec la jeune femme. De reprise en reprise, ma transposition a donné ceci : un livreur pénètre chez moi, sans que bizarrement j'aie eu à lui ouvrir la porte, et me surprend dans ma chambre (dont la lumière tamisée est la même que celle du film) en train de regarder une vidéo pornographique. Sans un mot, il vient se mettre sur moi, bientôt remplacé par un deuxième livreur, puis un troisième, qui agissent tout aussi naturellement. L'histoire a parfois une suite : un ami doit venir me chercher et je dois m'apprêter. Je continue de baiser debout, prenant garde de ne pas défaire mon maquillage et mes habits, la jupe remontée sur le dos. Il se trouve que l'ami, lui, prend la peine de sonner à la porte, et je vais lui ouvrir, marchant en canard, la bite d'un des livreurs fichée, par la poupe, dans mon con. L'ami, échauffé, se débraguette aussitôt. Etc.

Les fantasmes sexuels sont bien trop personnels pour qu'on puisse vraiment les partager. Néanmoins, j'avais la faculté d'imagination exercée et je disposais d'un fonds où puiser lorsqu'il m'est arrivé ensuite de fréquenter des parleurs. D'après mon expérience, la plupart des hommes se contentent de quelques expressions et de quelques phrases ; vous êtes leur « petite suceuse en chef », « une bonne bouffeuse de couilles », avant de passer au rang de « salope qui n'aurait pas peur de se faire mettre comme ça toute la nuit », et il est rare d'être « enfilée jusqu'à la garde » et « défoncée bien à fond » sans que l'assaut n'ait été annoncé à haute voix. Vous encouragez en avouant n'être qu'« un sac à foutre », et comme on vous assure que vous allez être bien « pinée », ou « bourrée », ou « tringlée », vous-même réclamez d'être transpercée par cette « grosse queue », cette « bite de fer » qui vous fait tellement de bien, jusqu'à ce que vous finissiez par « prendre la giclée », « avaler la purée ». Mais ce ne sont là que des accentuations, des relances entrecoupées par le chapelet des interjections, ahanements et toutes les inflexions du cri usuels. Parce qu'ils attendent paradoxalement moins de réponses que les caresses, les mots orduriers sont toujours plus sté-réotypés et tiennent peut-être leur pouvoir d'appartenir précisément au plus immuable des patrimoines. Ainsi nous confondent-ils encore un peu plus dans l'espèce, jusque dans ce qui a pourtant fonction de nous y distin-guer, à savoir la parole, et accélèrent-ils l'anéantisse-ment que nous recherchons dans de tels instants.

C'est autre chose que d'échafauder tout au long de l'acte sexuel un véritable récit, à deux voix, et en contrepoint de l'échange corporel.

Un autre homme m'a fait élargir fantasmatiquement et incommensurablement la collectivité fornicatrice. Il amorçait le dialogue en prétendant qu'il m'emmenait dans une chambre d'hôtel, dont il n'était pas utile de préciser la catégorie. Des hommes faisaient la queue devant le lit et jusqu'au couloir. Combien payaient-ils pour décharger dans mon con ? J'avançais : « Cinquante francs ? » Rectification doucement glissée dans mon oreille : « C'est bien trop cher. Non, ils donneront vingt francs pour t'enfiler dans le con, trente francs pour t'enculer. Combien tu vas en prendre ? » Moi, sachant bien que je sous-estime : « Vingt ? » Coup de bite un peu sec donné comme un avertissement : « C'est tout ? – Trente ! » À nouveau le boutoir au fond de mon vagin : « Tu en prendras cent et tu ne te laveras pas. – Il y aura de très jeunes garçons qui déchargeront à peine entrés dans mon con. – Sur ton ventre et sur tes seins aussi, tu seras toute poisseuse. – Oui et il y aura des hommes très vieux et très sales, qui ne se seront pas lavés depuis si longtemps qu'ils auront des croûtes sur la peau. – Oui et combien tu prendras pour qu'ils te pissent dessus ? – Il y en a qui me chieront dessus aussi ? – Oui, et tu leur boufferas le cul après. – Et d'abord je refuserai ? Je me débattrai ? – Oui, on te donnera des gifles. – Ça me dégoûte mais je nettoierai les plis de leur cul avec ma langue. – On arrivera le soir et tu resteras là jusqu'au lendemain midi. – Mais je serai fatiguée. – Tu pourras dormir, ils continueront à te baiser. Et on reviendra le lendemain, et le patron de l'hôtel amènera un chien et il y en a qui paieront pour te voir mise par le chien. – Je devrai le sucer ? – Tu verras, il aura une queue très rouge et puis il te grimpera dessus comme sur une chienne et il restera collé à toi. »

D'autres fois, l'affaire s'organisait dans une baraque de chantier et c'était là des équipes entières d'ouvriers qui défilaient et qui, eux, ne payaient pas plus de cinq francs la passe. Comme je l'ai suggéré, une secousse du corps répondait parfois aux évocations, mais ce n'était pas systématique ; l'action réelle et celle qui était fantasmée se déroulaient parallèlement et ne se rejoignaient que sporadiquement. Nous parlions assez posément, avec la précision, l'attention au détail de deux témoins scrupuleux s'aidant l'un l'autre à reconstituer un événement du passé. Quand il approchait de l'orgasme, mon partenaire devenait moins bavard. J'ignore s'il se concentrait sur l'une des images de notre film imaginaire. Pour ma part, il m'arrivait de ramener silencieusement le scénario dans un cadre plus privé. La baraque de chantier devenait une loge de concierge dans un immeuble en réfection. Dans ce genre de lieu exigu, le lit est parfois dissimulé par un simple rideau. Seuls mon ventre et mes jambes en dépassaient, et les ouvriers qui continuaient d'arriver en grappes me besognaient sans me voir ni sans que je les voie, mais sous le contrôle du concierge qui ordonnait le défilé.

Communautés

Il y a deux façons d'envisager la multitude, soit comme une foule dans laquelle les individus se confondent, soit comme une chaîne où au contraire ce qui les distingue est aussi ce qui les lie, comme un allié compense les faiblesses d'un autre allié, comme un fils ressemble à son père tout en s'y opposant. Les tout premiers hommes que j'ai connus ont immédiatement fait de moi l'émissaire d'un réseau dont on ne peut connaître tous les membres, l'inconscient maillon d'une famille qui se décline sur le mode biblique.

J'ai déjà laissé entendre que, craintive dans les relations sociales, j'avais fait de l'acte sexuel un refuge où je m'engouffrais volontiers afin d'esquiver les regards qui m'embarrassaient et les échanges verbaux pour lesquels je manquais encore de pratique. Aussi n'était-il pas question que je prenne une initiative. Je n'ai jamais dragué. En revanche, j'étais en toutes circonstances, sans hésitation, sans arrière-pensée, par toutes les ouvertures de mon corps et dans toute l'étendue de ma conscience, disponible. Si, en fonction du théorème proustien, je regarde ma personnalité à travers une image dessinée par les autres, alors c'est ce trait qui est dominant. « Tu ne disais jamais non, ne refusais jamais rien. Tu ne faisais pas de manières. » « Tu étais loin d'être inerte, mais tu n'étais pas démonstrative non plus. » « Tu faisais les choses avec naturel, ni réticente ni vicelarde, juste de temps en temps un tout petit peu maso... » « Dans les partouzes, tu étais toujours la première partante, toujours à la proue... » « Je me souviens que Robert t'envoyait un taxi comme s'il y avait urgence, et tu y allais. » « On te regardait comme un phénomène ; même avec énormément de types, tu restais égale jusqu'à la fin, à leur merci. Tu ne jouais ni à la femme qui veut faire plaisir à son mec ni à la grande salope. Tu étais comme un "copain-fille". » Et aussi cette note prise par un ami dans le journal intime qu'il tenait et que je ne recopie pas sans qu'elle flatte encore mon amour-propre : « Catherine, dont la tranquillité et la maniabilité en toutes circonstances sont dignes des plus grands éloges. »

Le premier homme que j'ai connu est celui qui m'a fait connaître le deuxième. Claude était ami avec un couple de collègues, plus âgé que nous d'une dizaine d'années. Lui n'était pas très grand mais possédait une musculature de sportif, elle avait un magnifique visage de Mongole, avec des cheveux blonds coupés court ; elle avait aussi le caractère raide avec lequel des femmes intelligentes modulent parfois leur liberté sexuelle. Il est possible que dans un premier temps Claude ait eu des rapports avec elle avant de me le faire rencontrer lui, c'est-à-dire de faire en sorte que je baise avec lui. Nous avons pratiqué une sorte d'échangisme dissocié qui a perduré même quand Claude et moi avons loué un studio voisin de leur appartement. J'allais le retrouver lui chez eux, tandis qu'elle rejoignait Claude chez nous. La cloison avait la fonction d'une télécommande : ce n'était pas le même film qui se déroulait de part et d'autre. Une seule fois, cette disjonction ne fut pas respectée. C'était en vacances, dans une maison qu'ils possédaient en Bretagne. Cet après-midi-là, une lumière douce et froide éclairait le salon jusque dans l'angle où lui se reposait sur un divan. J'étais assise au pied, elle allait et venait, Claude s'était absenté. Lui, avec le regard veule et presque soumis qu'ont certains hommes alors même qu'ils expriment une impérieuse commande, m'a attirée à lui, embrassée en maintenant mon menton, puis fait glisser la tête jusqu'à son sexe. Je préférais ça. M'employer à le faire durcir en étant recroquevillée sur moi-même, plutôt qu'avoir le corps tendu vers un long baiser. Et je l'ai bien sucé. Peut-être est-ce ce jour-là que je me suis rendu compte que j'étais douée pour cette pratique. Je m'appliquais à bien coordonner le mouvement de la main et celui des lèvres ; à des pressions de sa main sur mon crâne, je comprenais quand je devais accélérer ou ralentir le rythme. Mais c'est décidément des regards dont je garde surtout le souvenir. Lorsque par intermittence je quittais l'horizon de la fermeture Éclair pour inspirer profondément, j'entrevoyais le sien à elle, qui avait la vacuité douce des regards de statues, et le sien à lui, comme interloqué. Mon sentiment aujourd'hui est que j'ai dû alors confusément comprendre que si les relations avec les amis pouvaient s'étendre et croître sur le mode d'une plante grimpante, vriller et se nouer dans une totale et réciproque liberté, et qu'il suffisait de se laisser porter par cette sève, je n'en devais pas moins décider moi-même, résolument et solitairement, de ma conduite. J'aime cette solitude paradoxale.

Le monde de l'art est fait d'une multitude de communautés, de familles, dont les points de ralliement étaient, à l'époque où j'ai commencé à exercer le métier de critique, plus des lieux de travail, galeries, rédactions de magazines, que des cafés. Ces petits phalanstères étaient naturellement des viviers d'amoureux occasionnels. Comme j'habitais en plein Saint-Germain-des-Prés, qui était encore le quartier où étaient regroupées les galeries d'art moderne, il n'y avait que quelques mètres à faire pour aller d'une exposition à un intermède câlin. Je me revois sur le trottoir de la rue Bonaparte en compagnie d'un nouvel ami peintre, un garçon réservé qui ne relève pas vraiment la tête ni lorsqu'il étire démesurément son sourire ni lorsque à travers ses lunettes épaisses ses yeux se posent sur moi. Je ne sais plus comment il m'a fait comprendre qu'il avait envie de moi, sans doute précautionneusement (« tu sais, j'aimerais faire l'amour avec toi »), sans peut-être même me toucher. Je n'ai pas dû répondre grand-chose. Je me concentre sur ma résolution. Je le conduis jusqu'à ma chambre. Il se laisse guider, sans se rendre compte que c'est lui aussi qui me pousse en faisant peser sur moi un regard tout à la fois subjugué et incertain. Mon plaisir est dans ce moment précis, quand la décision est prise en moi, que l'autre est un peu pris de court. J'éprouve la sensation enivrante d'accomplir un destin d'héroïne. Mais pour le mettre en confiance, je n'ai pas mieux que le discours d'une gamine qui vient de se libérer du joug parental, j'explique bêtement que « je veux tout ». Il continue de me porter avec ses yeux attentifs. Quelqu'un qui a eu l'occasion de prendre le même chemin avec moi m'avoue aujourd'hui que ma chambre sous les toits lui faisait l'impression d'une chambre de passe et que le tissu un peu fruste qui servait de couvre-lit lui semblait une bâche qu'on y jetait comme pour le protéger pudiquement de ce qui allait s'y produire !

Visite en bande d'une exposition organisée par Germano Celant dans un musée de Gênes. Claude, Germano et les autres marchent devant, je m'attarde dans les salles avec William qui participe à l'exposition. Gestes courts à la dérobée, il plaque sa main sur ma chatte, j'attrape la bosse à travers le pantalon, toujours saisie que ce soit aussi dur, comme un objet inerte, pas comme le morceau d'un corps vivant. Il a un rire très particulier, qui donne l'impression qu'il a la bouche déjà pleine d'un baiser profond. Il s'amuse à m'apprendre l'anglais : « *cock, pussy* ». Peu de temps après, il est de passage à Paris. En sortant de la Rhumerie, il mouille mon oreille et murmure, en détachant bien les mots : « *I want to make love with you.* » Dans l'encoignure d'une porte de service, à l'arrière du bureau de poste qui forme l'angle de la rue de Rennes et de la rue du Four, j'ânonne : « *I want your cock in my pussy.* » Rires, même trajet jusqu'au studio de la rue Bonaparte. William, comme Henri, comme bien d'autres, y viendra plusieurs fois. On y baise à deux et à plusieurs. Le prétexte est souvent une fille qu'un des garçons a draguée et qu'il s'agit de convaincre qu'il est encore plus agréable d'être plus de deux à partager le plaisir. Ça ne marche pas toujours et je suis alors commise à la sécurisation, voire à la consolation. Les garçons vont discrètement fumer une cigarette sur le palier. Je ne parle pas, mais je cajole, j'embrasse doucement; les filles se laissent plus facilement faire par une autre fille. Bien sûr, elles pourraient se sauver, mais aucune jamais ne l'a fait, pas même celle avec qui Claude a gardé des relations d'amitié et qui lui révèle, vingt ans plus tard, que, ce soir-là, si elle a refusé de céder et s'est mise à sangloter, c'est parce qu'elle était encore vierge. Henri se souvient d'une autre fille avec laquelle je me suis enfermée dans la cuisine qui sert aussi de cabinet de toilette; je l'aide à se nettoyer la figure parce que les larmes ont délayé le Rimmel. Il prétend que, des cabinets communs de l'étage, à travers les lucarnes ouvertes, il nous a entendues gémir. Elle a sans doute voulu leur faire la nique, et moi, perverse, prendre son parti.

Par une curieuse inversion de la sensibilité, alors que je suis relativement aveugle aux manœuvres de séduction d'un homme – tout simplement parce que je préfère qu'on en fasse l'économie, mais je vais bientôt traiter de ce sujet –, je sais au contraire très bien quand je plais à une femme, sans pourtant n'avoir jamais attendu qu'aucune d'entre elles me procure la moindre sensation. Oh! je n'ignore pas l'anéantissante suavité qu'il y a à effleurer une peau délicate sur une étendue sans bords, ce qu'offrent presque tous les corps de femmes et beaucoup plus rarement les corps d'hommes. Mais je ne me suis prêtée à ces étreintes, et aux gougnottages afférents, que pour ne pas contrarier la règle du jeu. De plus, un homme qui ne me proposait que ce genre de triangulation était à mes yeux un pépère dont je pouvais vite me lasser. Pourtant, je me repais de la contemplation des femmes. Je pourrais dresser l'inventaire des garde-robes, deviner le contenu des trousses de maquillage, et même dépeindre la conformation de celles avec qui je travaille mieux que l'homme qui partage leur vie. Dans la rue, je les suis et je les observe avec plus de tendresse qu'un dragueur ; je sais associer un plissement particulier des fesses avec telle coupe de culotte, tel dandinement avec une hauteur d'escarpins. Mais tout mon émoi s'arrête à la satisfaction scopique. Au-delà, je n'éprouve qu'une sympathie communautaire pour les bosseuses, pour la vaste confrérie de celles qui portent le même prénom que moi (un des plus donnés après la guerre) et pour les vaillantes de la libération sexuelle. Comme me déclara un jour l'une d'entre elles, d'ailleurs authentique et affectueuse gouine et néanmoins partouzeuse sans parti pris, si être copains, c'était partager le pain, alors nous étions bien de vraies copines.

Il y eut une exception, dans une partouze improvisée où une moitié des participants avait entraîné l'autre, néophyte. Je me suis trouvée un long moment isolée avec une blonde, ronde de partout, des joues, du cou, de la poitrine et des fesses bien sûr et jusqu'aux mollets, affalée sur l'épaisse moquette noire de la salle de bains. J'avais été frappée par son nom magnifique, elle s'appelait Léone. Léone s'était modérément fait prier avant de se décider à suivre le mouvement. Maintenant, elle était complètement nue, comme un bouddha doré dans son temple. J'étais un peu en dessous d'elle, parce qu'elle s'était posée sur la marche qui entourait la baignoire surélevée. Comment avions-nous échoué dans cette encoignure, alors que l'appartement était vaste et confortable ? Peut-être en raison de son indécision et du rôle que je me croyais obligée encore une fois de tenir, d'initiatrice attentionnée ? Toute ma figure barbotait dans son épaisse vulve. Je n'avais jamais gobé un ourlet aussi gonflé qui remplît en effet la bouche, ainsi que l'expriment les Méridionaux, autant qu'un gros abricot. Je me collais à ses grandes lèvres comme une sangsue, après quoi je lâchais le fruit pour étirer la langue à en déchirer le frein, profiter le plus en avant possible de la douceur de son entrée, une douceur à côté de laquelle celle du dessus des seins ou de l'arrondi des épaules n'est rien. Elle n'était pas du genre à se trémousser, elle laissait échapper de petits gémissements brefs, aussi doux que le reste de sa personne. Leur résonance était sincère et j'en retirais une terrible exaltation. Comme je m'employais bien alors à téter le petit nœud de chair en saillie, comme je me laissais aller à l'écoute de cette pâmoison ! Quand nous nous sommes tous rhabillés dans la gaieté et l'agitation d'un vestiaire de club de sport, Paul, qui disait les choses plus franchement que tous les autres, s'adressa à elle : « Alors ? Ça avait été bon, non ? Est-ce qu'elle n'avait pas eu raison de se laisser faire ! » Elle répondit, en baissant les yeux et en appuyant sur la première syllabe, qu'une personne lui avait fait de l'effet. Je pensai : « Mon Dieu, faites que ce soit moi ! »

Nous nous étions sommairement fabriqué une philosophie en lisant Bataille mais, me remémorant en compagnie d'Henri cette époque fébrile, je trouve qu'il a raison de dire que notre obsession copulatrice et notre prosélytisme relevaient plutôt d'un ludisme juvénile. Quand on s'ébattait à quatre ou cinq sur le lit qui, dans ce minuscule appartement, se trouvait placé dans une alcôve, ce qui renforçait l'impression de se blottir dans une cachette, c'était que le dîner avait tourné en partie de « touche-pipi » : les convives s'étaient chatouillé les parties sous la table à l'aide des seuls pieds déchaussés, ou encore l'un ou l'autre avait fièrement dressé un doigt trempé dans une sauce particulièrement claire et légèrement odorante. C'était un jeu pour Henri de venir accompagné d'une fille dont il avait fait la connaissance une demi-heure plus tôt en visitant une galerie, comme c'était une aventure pour notre petite équipe que d'errer à quatre heures du matin, cherchant l'habitation d'une copine dont nous étions résolus à déranger la literie soignée. Une fois sur deux, le coup ratait. La fille se laissait tripoter, dégrafer le soutien-gorge ou retirer les bas, et puis terminait la soirée vissée sur une chaise, expliquant qu'elle, elle ne pouvait pas, mais oui elle voulait bien regarder, ça allait bien comme ça pour elle, oui elle attendrait qu'on la raccompagne en voiture. J'en ai eu des occasions d'entrapercevoir des gens, hommes ou femmes d'ailleurs, réfugiés sur une chaise incongrue ou les fesses en équilibre sur l'angle d'un canapé, ne quittant pas des yeux les membres clairs qui brassent l'air à quelques centimètres d'eux, mais ces centimètres les font appartenir à un autre temps. Ils ne participent pas, on ne peut donc pas dire qu'ils sont fascinés. Ils sont dans le retard – ou l'avance – des spectateurs, appliqués et patients, d'un documentaire édifiant.

Le prosélytisme était bien sûr de surface puisque les

petits défis nous étaient bien plus adressés à nous-mêmes qu'à ceux que nous prétendions entraîner. Nous échouons, Henri et moi, boulevard Beaumarchais dans un de ces grands appartements bourgeois dont les intellectuels qui les habitent conservent le parquet nu qui craque et l'éclairage plafonnier insuffisant. L'ami qui nous reçoit a un rire étale et permanent qui lui fend la barbe épaisse, et il est marié à une femme moderne. Celle-ci toutefois rechigne et va se coucher. Nous, nous jouons à la transgression, et je crois me revoir frissonner et m'esclaffer entre leur jet d'urine. Mais non, rectifie Henri, il a été le seul à me pisser dessus. En tout cas, ce qui est sûr, c'est que nous avions pris la précaution de nous mettre dans la grande baignoire en tôle émaillée. Ensuite, nous sommes bien allés tous les trois baisouiller sur le balcon. Une amie m'héberge pendant quelques mois. Je dors dans une toute petite chambre mansardée, sans meubles, avec quelquefois les chats pour compagnie. Lorsque son ami vient la voir, elle laisse la porte de sa chambre grande ouverte et ils ne réfrènent aucune de leurs exclamations. Ça ne me vient pas à l'idée de les rejoindre. Je ne me mêle pas des affaires des autres et, de plus, blottie dans mon lit étroit, je me pense un peu comme la fillette de la maison. Mais, avec l'entêtement que partagent les animaux et les enfants, je m'arrange pour absolument les embarquer dans mes affaires à moi. Puisque d'une certaine façon je partage sa vie, il n'y a pas de raison pour que mon hôtesse ne prenne pas entre ses belles cuisses, systématiquement, les mêmes queues que moi. Ça marche trois ou quatre fois. Elle se laisse résolument clouer les reins sur le lit, les jambes remontées en ailes de papillon. Ça me plaît que, le regard droit, la voix forte, elle déclare à Jacques, dont l'arc vibre de s'être brusquement dégagé de l'élastique du slip, qu'il a « une bite de cheval ». Jacques avec qui, à ce moment-là, je commence à organiser ma vie. C'est lui qui me rappelle aujourd'hui qu'une fois j'ai piqué une crise de nerfs et l'ai assailli de coups de pied pendant qu'il la baisait. Ça aussi, j'avais oublié. Alors que, bien sûr, je me souviens de la façon dont je chatouillais, moi, des jalousies qui n'étaient jamais avouées. J'ai l'impression de jouer dans un film racontant la vie libre et oisive de jeunes bourgeois quand je vais tôt le matin, non sans être passée chez le boulanger, réveiller Alexis qui habite un joli duplex rue des Saints-Pères. J'apprécie ma propre fraîcheur en la gâtant auprès de son pyjama, moite juste ce qu'il faut. Il a l'habitude de se moquer de ma conduite de sauteuse et déclare qu'à cette heure-ci, au moins, il est sûr d'être le premier de la journée à me pénétrer. Eh bien, non, justement ! J'ai passé la nuit chez un autre, on a baisé avant que je parte, j'ai encore le foutre au fond de la chatte. J'étouffe mon ravissement joyeux dans l'oreiller. Je me rends compte qu'il est un peu vexé.

Claude m'avait fait lire *Histoire d'O* et j'avais trois raisons de m'identifier à l'héroïne : j'étais toujours prête ; je n'avais certes pas le con interdit par une chaîne, mais j'étais sodomisée aussi couramment que prise par-devant ; enfin, j'aurais énormément aimé cette vie recluse, dans une maison isolée du reste du monde. Au lieu de cela, j'étais déjà très active professionnellement. Mais la convivialité du milieu artistique, la facilité avec laquelle, par-delà mes craintes, je nouais des liens et le fait que ces liens pouvaient très naturellement prendre une tournure physique me conduisaient à considérer l'espace où s'exerçait cette activité comme un monde clos, huilé, plasmagène. À plusieurs reprises déjà, j'ai employé le mot « famille ». Il est arrivé que la métaphore ne soit pas qu'une métaphore. J'ai conservé assez tard cette disposition des adolescents à s'exercer sexuellement au sein d'un cercle familial, quand un garçon ou une fille sort avec une fille, un garçon, avant de la ou le laisser tomber, pour sa sœur, son frère, sa cousine, son cousin. J'ai même eu affaire à deux frères en compagnie de leur oncle. J'étais l'amie de l'oncle, qui convoquait souvent ses neveux, à peine plus jeunes que moi. À la différence des fois où le même homme me conduisait à des amis à lui, il n'y avait ni préambule ni mise en scène. L'oncle me préparait, les deux frères me pilonnaient bien. Je me reposais en écoutant leur conversation d'hommes, à propos d'un truc de brico-lage ou d'une nouveauté informatique.

Je continue d'entretenir des relations amicales avec de nombreux hommes que j'ai d'abord fréquentés sexuelle-ment de façon régulière. Avec les autres, nous nous sommes simplement perdus de vue. Je me souviens de la plupart de ces fréquentations avec un plaisir franc. Lorsque j'ai travaillé avec certains, j'ai trouvé que l'in-timité, la tendresse qui subsiste facilitaient la collabo-ration. (Une seule fois, je me suis fâchée pour des rai-sons professionnelles graves.) De plus, je ne détache personne de son réseau de relations, d'amitiés, de son champ d'activités. J'avais fait la connaissance d'Alexis au sein d'une nébuleuse de jeunes critiques et journa-listes actifs dans la mise en place de différentes publi-cations artistiques. Je baisais avec deux autres jeunes gens appartenant à ce circuit, si bien qu'Alexis m'avait demandé, agacé, si je m'étais donné comme programme de « me farcir toute la jeune critique française ». On travaillait dans une ambiance de sortie des classes, et mes deux autres collègues amants, à la différence d'Alexis, étaient mal dégrossis bien que déjà mariés. L'un et l'autre avaient la face boutonneuse et n'étaient pas toujours parfaitement soignés de leur personne. Je m'étais laissé faire par l'un parce que, attirée chez lui sous le prétexte d'une traduction à revoir (toujours ces petits appartements confinés de Saint-Germain-des-Prés), il avait geint que, puisque je couchais avec tout le monde, il serait vraiment dégoûtant de ma part de ne pas coucher aussi avec lui. L'autre avait tenté sa chance plus en confiance. Il m'avait donné rendez-vous dans la maison d'édition qui publiait ses livres, et la réceptionniste l'avait prévenu de mon arrivée en précisant, de la manière attentionnée propre aux femmes de ce métier, que la jeune fille qui l'attendait dans le hall ne portait pas de soutien-gorge sous sa blouse. La relation sexuelle avec le premier a tourné court assez rapidement, elle s'est poursuivie pendant des années avec le second. Plus tard, tous deux sont devenus des collaborateurs d'*Art press* et le sont restés longtemps.

J'ai suggéré que j'avais été conduite vers Éric à travers la fréquentation de ses amis, parmi lesquels Robert, et les propos qu'ils tenaient à son sujet. J'ai connu Robert à l'occasion d'un reportage sur les fonderies d'art. En fait de fonderie d'art, il m'a emmenée au Creusot, où il faisait fondre une sculpture monumentale. Pendant le retour, de nuit, Robert m'a rejointe à l'arrière de la voiture et s'est allongé sur moi. Je ne bronchai pas. La voiture était étroite, j'étais assise de biais, la tête de Robert posée sur mon abdomen, mon bassin en porte à faux par rapport à la banquette pour mieux me prêter à son tripotage. De temps à autre, je baissais la tête pour l'embrasser, lui me bécotait. Jetant un coup d'œil dans le rétroviseur, le conducteur a fait valoir que je n'en menais pas large. De fait, la situation me laissait aussi interdite que j'étais abasourdie par la visite des usines et des gigantesques fours. Pendant un temps assez long, j'ai vu Robert quasi quotidiennement et il m'a fait connaître beaucoup de gens. Un instinct me faisait distinguer entre les personnes avec qui la relation pouvait prendre un tour sexuel et celles avec lesquelles elle ne le pouvait pas. Instinct que partageait Robert ; pour décourager certains, il avait inventé de les prévenir que je commençais à être un critique d'art disposant d'un petit pouvoir. C'est Robert qui m'a expliqué qui était ce mythe de la vie parisienne, Madame Claude. J'ai beaucoup fantasmé sur la prostitution de luxe tout en sachant que je n'étais ni grande et belle comme on disait qu'il fallait être ni suffisamment distinguée pour pouvoir m'y livrer. Robert se moquait de mon appétit sexuel combiné avec ma curiosité professionnelle ; il prétendait que j'étais capable d'écrire sur la plomberie si d'aventure je sortais avec un plombier. Toujours selon lui, la personne qu'il fallait que je rencontre, étant donné mon tempérament, c'était Éric. Mais, finalement, j'ai fait la connaissance de ce dernier par l'intermédiaire d'un de leurs amis communs, un garçon très nerveux, un de ceux qui vous pilonnent avec une force et une régularité mécaniques et avec qui j'avais passé des nuits exténuantes. Le matin, comme si ce n'était pas assez, il m'emmenait dans le vaste atelier qu'il partageait avec son associé, où, pleine d'une fatigue molle, je laissais venir à moi ce dernier, pour être prise encore, cette fois presque gravement et silencieusement. Un soir, cet ami m'a invitée à dîner avec Éric. Comme on le sait, Éric est la personne par laquelle j'ai connu le plus d'hommes, relations amicales et professionnelles et inconnus. J'ajoute, pour être exacte, que c'est lui qui m'a, simultanément, initiée à une méthode de travail rigoureuse sur laquelle je continue de m'appuyer.

Pour des raisons évidentes, le canevas selon lequel les souvenirs de ces liaisons s'enchaînent, et dont les détails mêmes des actes se recoupent, se superposent à des familles esthétiques. Un ami peintre, Gilbert, en compagnie de qui je remémore mes débuts, me rappelle que je m'en tenais à de pudiques fellations lorsque je venais le retrouver l'après-midi dans l'appartement qu'il occupait avec sa famille. Les pénétrations étaient réservées à ses visites chez moi. À la première de ces visites d'ailleurs, il a « mal terminé son affaire », parce qu'au dernier moment je lui ai demandé de passer dans le cul. Telle était ma méthode contraceptive primitive, étayée par une vision de mon corps comme un tout qui ne connaissait pas de hiérarchie, ni dans l'ordre de la morale ni dans celui du plaisir, et dont chaque partie pouvait, autant que faire se peut, se substituer à une autre. Or, précisément, c'est un autre peintre de la même tendance qui s'est préoccupé de m'apprendre à mieux me servir de mon con. J'avais débarqué dans son atelier, un matin de bonne heure, pour une interview, ignorant que j'allais trouver un homme beau et prévenant. Je crois bien n'être repartie que le lendemain. Comme souvent dans les ateliers d'artistes, le lit ou le canapé était placé sous une verrière ou une grande fenêtre, comme s'il était besoin de situer ce qui s'y passe dans un cadre de lumière. Je garde sur les paupières la sensation de cette lumière qui inonde ma tête renversée et m'aveugle. J'ai dû avoir le même réflexe, glisser la bite dans l'anus comme si de

rien n'était. Après, il m'a parlé. Il disait avec énormément de persuasion qu'un jour je rencontrerai un homme
qui saurait bien me prendre par-devant, me faire jouir
par cette voie qui serait meilleure que l'autre. Gilbert
tombe des nues quand je lui apprends qu'à cette époque
j'avais une relation suivie avec un autre encore de ses
amis peintres (le myope dont le regard me portait) dont
il pensait qu'il n'avait jamais trompé sa femme ; en
revanche, c'est lui qui me remet en tête un troisième
avec qui j'ai participé à des parties carrées, toujours
dans le petit studio de la rue Bonaparte, et que celui-ci
lui racontait, en prétendant que les garçons avaient aussi
des rapports entre eux. Je suis persuadée qu'il s'agit
d'un fantasme.

Comme William s'est associé à un collectif d'artistes,
je me suis trouvée passer une nuit avec l'un des membres
du groupe, John. Je l'avais déjà rencontré à plusieurs
reprises et nous avions même donné des conférences
ensemble. Je le trouvais séduisant ; il tenait des discours
théoriques que ma compréhension approximative de
l'anglais rendait cocasses et simultanément le mouvement de ses lèvres faisait ressortir ses pommettes juvé-
niles. J'étais venue à New York pour rencontrer Sol
LeWitt qui venait de réaliser ses papiers froissés et
déchirés. En arrivant, de l'aéroport, j'avais téléphoné à
William pour qu'il m'héberge. Je nous revois debout
dans le loft où il venait d'emménager, nous dévorant
de baisers, lui encourageant John à l'imiter. Des murs
arrivant aux trois quarts de la hauteur sous plafond et
disposés en angles droits formaient de petites chambres
qui semblaient distribuées au hasard comme un jeu de
cubes. Quatre ou cinq personnes allaient et venaient,
chacune ayant l'air occupée à une tâche propre. William

m'a soulevée et portée jusqu'à un matelas derrière l'un des murs. John avait des manières très tendres qui tranchaient avec la nervosité de William. Celui-ci nous a laissés, et John a fini par s'endormir. Nous étions lovés l'un dans l'autre, sa main calée sur mon pubis. Le matin tôt, j'ai dû me dégager de l'étau de son bras au prix de mouvements lents et forcés de contorsionniste et ramper hors du drap jusqu'au parquet, parce qu'en dépit du jour qui entrait déjà par toutes les verrières, il dormait, et j'ai couru dans la rue, attrapé un taxi pour l'aéroport où j'ai eu l'avion de justesse. Bien que j'aie continué à suivre le travail du groupe, je n'ai plus revu John pendant des années. Quand cela s'est produit à l'occasion d'une rétrospective, c'est à peine si nous avons échangé quelques mots à cause de ma difficulté à suivre ses paroles.

Avec le temps, à la timidité que j'éprouvais en société s'est substitué l'ennui. Même lorsque je me trouve avec des amis dont la compagnie m'est agréable, même si, au début, je suis la conversation et que je n'ai plus peur d'y prendre part, arrive toujours le moment où, brusquement, je m'en désintéresse. C'est une question de durée : tout à coup, c'est assez ; quels que soient les sujets abordés, il me semble que je m'ankylose comme devant ces feuilletons de télévision qui épousent de trop près la pesanteur de la vie domestique. C'est irréversible. Dans ce cas, des gestes muets et quelquefois aveugles constituent une échappée. Bien que je sois peu entreprenante, j'ai souvent improvisé une pression de la cuisse ou un croisement de chevilles avec mon voisin de table, ou de préférence ma voisine (cela porte moins à conséquence) dans le but de me sentir enfin spectatrice lointaine, affairée ailleurs, de l'assemblée qui poursuit. Dans le contexte d'une vie communautaire, en vacances par exemple, lorsqu'on se livre en bande à toutes sortes d'activités, j'ai souvent éprouvé le besoin de me soustraire à des sorties ou à des dîners de cette manière, au besoin en agissant à l'aveuglette. Il y eut des étés particulièrement agités, sillonnés de l'incessante circulation des partenaires sexuels, sporadiquement réunis dans de petites partouzes, en plein soleil, derrière le muret d'un jardin qui surplombe la mer, ou la nuit dans les allées et venues entre les chambres nombreuses d'une grande villa. Un soir, je renonce à suivre le mouvement, et Paul qui me connaît bien et se moque gentiment de mon comportement, qui quelquefois s'est amusé à me retenir prisonnière contre lui, au besoin en nous enfermant dans les toilettes, rien que pour exciter mon impatience à entrer dans la mêlée des corps, promet de m'envoyer un ami à lui que je n'ai encore jamais rencontré ; quelqu'un qui n'a rien à voir avec le milieu de la peinture, un garagiste. Il sait que je préférerai faire sa connaissance plutôt que d'aller au restaurant avec les autres, avant d'attendre, prise de lassitude, à une terrasse ou dans un recoin de boîte de nuit, que cette lassitude les gagne à leur tour. Je fais à peine attention à la proposition et je m'apprête à passer une soirée solitaire. Il y a de la suavité dans ces moments où le vide autour de soi libère non seulement l'espace mais aussi, semble-t-il, l'immensité du temps à venir. Dans une sorte d'inconsciente économie, on profite de cette chance offerte en n'occupant paresseusement qu'un creux de fauteuil comme pour laisser, précisément, toute sa place au temps. La cuisine se trouve tout au fond de la villa et je vais m'y préparer un sandwich. J'ai la bouche pleine quand l'ami de Paul apparaît dans l'encadrement d'une porte qui donne directement sur le jardin. Il est grand, brun aux yeux clairs, vaguement impressionnant dans l'obscurité. Il s'excuse avec amabilité, il voit bien que je suis en train de manger, surtout que je ne me dérange pas pour lui… J'ai honte des miettes logées à mes commissures de lèvres. Je dis que non, non, je n'ai pas vraiment faim, je jette furtivement le sandwich. Il m'emmène. Il conduit sa voiture décapotée sur la grande corniche au-dessus de Nice. Il lâche le volant d'une main pour répondre au frottement de la mienne sur la bosse rugueuse de son jean. Le gonflement entravé par le tissu raide et serré est chaque fois pour moi un stimulant efficace. Est-ce que je veux aller dîner quelque part ? Non. Je pense qu'il roule un peu plus que nécessaire, fait des détours pour arriver chez lui. Il fixe la route pendant que je desserre sa ceinture. Je reconnais le mouvement du bassin vers l'avant que le conducteur doit effectuer pour faciliter la descente de la fermeture Éclair. Ensuite, il y a le laborieux dégagement du membre trop volumineux pour trouver d'emblée l'issue de la double enveloppe de coton. Il faut soi-même avoir la main suffisamment couvrante pour d'un même geste cueillir toutes les parties. J'ai toujours peur de faire mal. Il doit m'aider. Enfin, je peux le branler consciencieusement. Je ne vais jamais trop vite au début, je préfère bien suivre toute la longueur, éprouver l'élasticité de la fine tunique de chair. J'y mets la bouche. J'essaie de rentrer mon corps au maximum pour ne pas le gêner lorsqu'il change de vitesse. Je maintiens le rythme modéré. Je ne suis que moyennement consciente du danger qu'il peut y avoir à conduire dans ces conditions, je n'ai pas, par consé-

quent, le goût de le provoquer. Autant que je me souvienne, la relation fut très agréable. Toutefois, je n'ai
pas voulu rester la nuit chez lui et il a dû me ramener
à la villa avant même le retour de la bande. Ce n'est pas
que je m'interdisais de découcher, c'est que j'avais envie
que le moment passé avec lui demeure, comme lorsque
au milieu d'une discussion la pensée s'égare dans une
rêverie, un enclos personnel auquel les autres, pour une
fois, n'ont pas accès.

Le lecteur a compris que si, comme je l'ai exposé
plus haut, j'assumais le libre arbitre de ce mode de vie
sexuelle, et si, comme je viens de l'évoquer, je ména-
geais des échappées, cette latitude toutefois ne se mesu-
rait que dans un rapport à son contraire, la fatalité des
rencontres, le déterminisme d'une chaîne dont un maillon,
un homme, vous relie à un autre maillon, qui vous réunit
à un troisième, etc. Ma liberté n'était pas de celles
qu'on rejoue au hasard des circonstances de la vie, elle
était celle qui ne s'exprime qu'une fois pour toutes, dans
l'acceptation d'un destin auquel on s'en remet, sans
réserve – comme une religieuse qui prononce ses vœux !
Il ne m'est jamais arrivé de nouer une relation avec
un inconnu qui m'aurait abordée dans un train ou un couloir de métro, alors que j'ai si souvent entendu raconter
autour de moi des histoires d'enfièvrement érotique
amorcées dans de tels lieux, voire dans un ascenseur ou
les lavabos d'un café. J'ai toujours coupé court, et même
rapidement. Je décourage, avec humour et gentillesse
j'espère, mais en même temps tellement d'inattention,
que cela doit passer pour de la fermeté. M'engager dans
les méandres du jeu de la séduction, entretenir la badi-

nerie qui nécessairement occupe l'intervalle entre la rencontre fortuite d'une personne et l'accomplissement de l'acte sexuel avec elle, même brièvement, serait au-dessus de mes forces. À la limite, s'il était possible que la masse palpitante d'un hall de gare ou la horde organisée du métro acceptent au milieu d'elles les accès de plaisir les plus crus comme elles acceptent la livraison de la misère la plus abjecte, je serais bien capable de m'accoupler ainsi, comme un animal. Aussi, je n'appartiens pas à la catégorie des femmes « qui recherchent l'aventure » et je n'ai été draguée avec succès que dans de très rares occasions, et encore jamais par des inconnus. En revanche, j'ai volontiers accepté des rendez-vous fixés par des voix qui, au téléphone, prétendaient m'avoir rencontrée dans telle ou telle soirée, sans que je sois capable de leur attribuer un visage. C'était facile de me trouver ; il suffisait d'appeler au journal. C'est comme ça qu'un soir je me suis retrouvée à l'Opéra, à une représentation de *La Bohème*… Arrivée en retard, j'ai dû attendre la fin du premier tableau avant de pouvoir aller m'asseoir dans le noir à côté de mon semi-inconnu. On s'était soi-disant rencontrés quelques jours auparavant chez un ami commun (quand la relation redevient celle d'un possible tête-à-tête, un homme prononce rarement le mot « partouze »), mais le profil que j'apercevais, la calvitie, les bajoues ne me disaient rien. Je l'ai soupçonné d'avoir bien été présent à cette soirée mais de ne pas m'y avoir approchée. Il a risqué sa main sur ma cuisse en me lorgnant de façon presque inquiète. Il ne s'est jamais départi de son air las ; il avait la manie de masser son crâne de la même façon qu'il passait ses grandes mains osseuses sur moi, machinalement, se plaignant d'affreux maux de tête. Je pensais qu'il avait une

65

case de vide et qu'il était un peu pitoyable. Je l'ai revu plusieurs fois ; il m'emmenait à des spectacles et dans des restaurants très chers où je ne détestais pas me divertir non pas tant d'être éventuellement prise pour une pute que de tromper les ouvreuses, les serveurs et les bourgeois alentour, puisque c'était quand même avec la petite intello que le monsieur chauve à la peau molle faisait la conversation.

Encore aujourd'hui, il arrive qu'Hortense, la standardiste d'*Art press*, m'annonce un nom qui ne me dit rien. « La personne insiste, elle dit qu'elle vous connaît bien. » Je prends la communication. Aux paroles prudentes, prononcées sur un ton complice, je comprends immédiatement que l'inconnu, lui, s'adresse à l'image d'une certaine petite vicieuse, de celles, n'est-ce pas, qui vous laissent de sacrés bons souvenirs. (Pareillement, lorsque dans un vernissage ou un dîner on me présente un homme que j'ai l'impression de rencontrer pour la première fois, mais que celui-ci fouille dans mon regard quelques secondes de plus qu'il n'est nécessaire, en déclarant « mais nous nous sommes déjà rencontrés », j'ai tendance à penser qu'il a eu, dans une autre vie pour moi, tout loisir d'observer mon visage tandis que mon regard était peut-être rivé sur sa toison pubienne.) Je n'ai plus la curiosité de donner suite mais je suis toujours profondément admiratrice du temps suspendu dans lequel vivent les baiseurs et qui retient ma sympathie. Il peut s'être passé dix ans, que dis-je vingt ans et plus encore, depuis qu'ils ont joui avec une femme, ils vous en parlent, ou s'adressent à elle, comme si c'était hier. Leur plaisir est une fleur vivace qui ne connaît pas les saisons. Elle s'épanouit dans une serre qui isole des contingences extérieures et qui fait qu'ils voient toujours de la même façon le corps qu'ils ont tenu contre eux, celui-ci serait-il flétri ou rigidifié dans une robe de bure. Toutefois, l'expérience m'a montré qu'ils savent ne pas s'opposer au principe de réalité lorsqu'il s'impose. Comme je n'accroche pas à l'échange téléphonique, la question vient comme un sésame qui marchera, ou pas. Par exemple : « Est-ce que tu es mariée maintenant ? – Oui. – Ah, très bien. Écoute, je te fais signe quand je repasse à Paris, on trouvera peut-être un moment pour se voir. » Je sais que je n'aurai plus jamais de nouvelles.

Pour dire encore un mot de ces préliminaires que beaucoup de femmes prétendent être la phase la plus délicieuse d'une liaison, et que je me suis toujours employée à écourter, je préciserai que je n'ai su les goûter – et encore, sans les faire durer – que dans deux circonstances précises : lorsque le désir était déjà l'inconscient turion d'un amour profond, et après un temps d'abstinence relativement long : autant dire des circonstances exceptionnelles.

Dans le dernier cas, les signes furent : une inopinée et agacée séance de portraits photographiques dans mon bureau, qui ne devait rien donner puisque évidemment la lumière n'était jamais ce qu'elle aurait dû être ; un trajet en ascenseur aussi disert qu'une mise en bière ; d'impalpables baisers, puis d'inabouties morsures déposées à la sauvette dans le haut de mon bras nu lorsque je devais l'étendre au-dessus de la table de maquette… Je respirais ces émanations libidinales dans l'état d'un asthmatique qui aurait eu l'imprudence de pénétrer dans une serre chaude. Comme j'étais consciente d'avoir peu cultivé ce genre de sensations jusqu'alors, je les mis sur le compte d'une sorte d'embourgeoisement de ma vie érotique.

L'autre cas prouve que l'impression sensuelle la plus vive peut se frayer un chemin par le moins sensible de nos accès. Alors que je n'ai aucune oreille, que je ne vais à l'Opéra que pour des raisons extérieures à l'art musical, c'est par sa voix que Jacques a commencé à prendre place quelque part dans la vaste plaine de mon désir. Cette voix ne correspond pourtant pas au stéréotype de la voix sensuelle, elle n'est ni veloutée ni cassée. Quelqu'un l'avait enregistrée lisant un texte, puis m'avait fait écouter l'enregistrement au téléphone. J'en garde toujours en moi l'écho qui rayonna jusqu'à la pointe la plus innervée de mon corps. J'étais livrée à une voix qui elle-même donne l'impression de livrer totalement l'énonciateur, dans sa clarté, dans le battement paisible de ses inflexions courtes, aussi nette et assurée qu'une main qui bascule pour signifier « voilà ». À quelque temps de là, je l'ai de nouveau entendue au téléphone, cette fois en direct, qui me signalait une coquille dans un catalogue auquel Jacques avait participé et dont je m'étais occupée. Jacques s'est proposé de venir m'aider à corriger les exemplaires. Nous avons passé des heures à cette tâche, à quelques centimètres l'un de l'autre dans un minuscule bureau, moi très ennuyée par mon erreur, lui semblant penser qu'il s'agissait juste de la rattraper. Il était attentionné mais sans être chaleureux. À la suite d'une de ces fastidieuses séances, il m'a proposé de l'accompagner à un dîner chez un de ses amis proches. Comme après le repas nous étions serrés à plusieurs sur un lit faisant office de canapé, ce qui oblige à se tenir à demi allongé dans une position inconfortable, il m'a caressé le poignet du dos de son index. Ce geste était inattendu, inhabituel et délicieux et il n'a jamais cessé de m'émouvoir, y compris quand il est destiné à d'autres peaux que la mienne. J'ai suivi Jacques dans le studio qu'il habitait alors. Au matin, il m'a demandé avec qui je couchais. J'ai répondu : « Avec plein de monde. » Il a dit : « Zut, je suis en train de tomber amoureux d'une fille qui couche avec plein de monde. »

Le plaisir de raconter

Je n'ai jamais caché ni l'étendue ni l'éclectisme de ma vie sexuelle, si ce n'est à mes parents. (Enfant, alors que « la nuit de noces » n'était qu'une formule vague, le fait d'envisager que ma mère pourrait m'imaginer lorsque cette nuit adviendrait pour moi soulevait en moi un véritable tourment.) J'ai progressivement et obscurément compris ce que me procurait ce mode de vie : l'illusion d'ouvrir en moi des possibilités océaniques. Puisqu'il fallait bien accepter par ailleurs de multiples contraintes (un travail accaparant et anxiogène, un fatum marqué par le manque d'argent, et, plus entravant que tout, la pelote des conflits familiaux et relationnels), l'assurance d'avoir des relations sexuelles en toutes circonstances, avec toutes personnes le voulant bien (par principe, l'illusion ne pouvait tenir qu'à condition d'exclure de l'horizon celles qui ne le voulaient pas), était l'air du large dont on gave ses poumons quand on marche jusqu'au bout d'une étroite jetée. Et comme la réalité imposait quand même des limites à cette liberté (je ne pouvais pas faire que ça, et même l'aurais-je pu, mes cuisses n'auraient refermé la boucle que d'une infime partie de la chaîne humaine), il fallait que la parole, l'évocation même rapide, surtout rapide, d'épisodes de ma vie sexuelle, déploie à tout moment, dans toute son ampleur, le panorama des possibles. « Je suis là, avec toi, avec vous, mais en racontant, j'écarte le drap, j'ouvre une brèche dans le mur de la chambre, pour que s'engouffre l'armée chevauchante qui nous enrôle. » Généralement, dès le troisième ou quatrième rendez-vous, je hasardais quelques prénoms masculins en rapport avec des activités anodines mais pouvant être interprétées de façon ambiguë et, si j'étais plus assurée, des allusions à quelques circonstances pittoresques dans lesquelles j'avais eu l'occasion de faire l'amour. J'évaluais la réaction. J'ai dit que je ne faisais pas de prosélytisme, encore moins de provocation, sinon celle qui relève d'une perversion bon enfant et que l'on n'adresse qu'à des personnes déjà identifiées en tant que complices. J'étais d'une sincérité prudente, suivant une dialectique à trois termes : d'une certaine façon, je me protégeais de la relation nouvelle en ne m'avançant que raccordée à ma communauté de baiseurs ; par là je vérifiais ou non l'appartenance du nouveau venu à cette communauté ; enfin, quelle qu'ait été sa réaction, tout en me protégeant je drainais sa curiosité.

Comme il se doit, cet ami qui me faisait tant parler tandis que nous forniquions exigeait, au même titre que les visions fantasmatiques, des histoires vraies. Je devais donner des noms, décrire des lieux, dire exactement combien de fois. Si je négligeais d'être précise en évoquant une nouvelle connaissance, la question venait vite : « Est-ce que tu as couché avec lui ? » L'intérêt ne s'attachait pas exclusivement à l'inventaire obscène :

« De quelle couleur était son gland quand tu l'as décalotté ? Brun ? Rouge ? Est-ce que tu lui as branlé le cul ? Avec la langue ? Les doigts ? Combien de doigts lui as-tu enfoncés dans le cul ? » Il portait aussi sur les éléments banals de la situation et de l'environnement : « On visitait un appartement à louer rue Beaubourg, la moquette était pleine de moutons et il m'a prise à sec, sur un matelas qui traînait là. » « Il est videur dans le spectacle de Johnny Halliday ; comme ça, j'ai suivi tout le spectacle dans un coin de la scène, c'était comme si j'avais eu les baffles dans le bas du ventre. On est rentrés en moto ; la Harley n'a plus de selle arrière, le cadre me sciait la chatte ; finalement, quand on a baisé, j'étais déjà ouverte comme un pamplemousse éclaté. » Un sentimentalisme élémentaire était bienvenu : « Il est amoureux de toi ? – Hum ! – Je suis sûr qu'il est amoureux de toi. – L'autre matin, je faisais semblant de dormir et je l'entendais murmurer : "Catherine, je t'aime ; Catherine, je t'aime", en accompagnant son souffle d'un mouvement du ventre, pas comme s'il baisait, plutôt comme un gros chat qui tressaute dans son sommeil. » Sentimentalisme où s'immisçait une sorte de jalousie par personne interposée : « Est-ce qu'il sait que tu baises avec toute la bande ? Il est jaloux, n'est-ce pas ? » L'habitude qu'avait prise un autre ami de me baiser en m'allongeant sur son plan de travail, au beau milieu d'un atelier high tech, alors qu'il me présentait sa bite comme un monstrueux pistil sortant de la corolle d'un slip de femme volanté et fendu – touche baroque dans ce décor austère –, lui plaisait particulièrement. J'ai dû en faire le récit des dizaines de fois, sans même être obligée d'apporter des variantes et alors même que je ne fréquentais plus cet autre ami. Si je pouvais venir en m'étant masturbée peu de temps auparavant, le matin au réveil, ou au bureau, dans telle position et en m'ayant fait jouir tant de fois de suite, c'était bien aussi. Je n'ai jamais inventé une aventure qui n'aurait pas eu lieu, et mes comptes rendus ne trahissaient pas plus la réalité que ne le fait automatiquement toute transposition. Comme j'ai déjà eu l'occasion de le signaler, l'ordre du fantasme et celui du vécu, s'ils présentent des structures voisines, n'en sont pas moins, chez moi, indépendants l'un de l'autre, comme une peinture de paysage et le coin de nature qu'elle représente ; il y a plus de la vision intérieure de l'artiste dans le tableau que de la réalité elle-même. Que, par la suite, nous regardions cette réalité à travers l'écran du tableau n'empêche pas les arbres de pousser ni leurs feuilles de tomber. Il est fréquent que, dans les partouzes, un homme qui vient occuper une chatte déjà bien fourragée s'enquiert de l'effet produit par ses prédécesseurs. « Tu criais tout à l'heure. Raconte-moi, il a une grosse queue, n'est-ce pas ? Il devait forcer et tu aimais ça. Tu te comportais comme une femme amoureuse. Si, si, je t'ai vue. » Je dois reconnaître qu'il m'arrivait, à l'encontre de l'attente, de répondre honnêtement – non, j'aimais autant sa queue à lui –, parce que je n'avais pas à ce moment-là le réflexe de corriger ma nature scrupuleuse, aussi par lassitude d'auteur à se répéter.

Mais ordinairement, les chroniques étaient plutôt tenues en dehors de l'échange charnel. Dans ce cas, les mots se posent dans l'espace entre les interlocuteurs, château de cartes qu'ils construisent dans le jeu des questions et des réponses, et qu'ils craindraient, par une confidence d'emblée salace, une volonté de savoir trop vite indiscrète, de voir s'écrouler. Une progression est donc respectée. Tout en conduisant sa petite voiture déglinguée, un copain m'interrogeait brièvement : « A quel âge avais-je commencé à partouzer ? Quel genre de personnes rencontrait-on dans les partouzes ? Des bourgeois ? Y avait-il beaucoup de filles ? Combien d'hommes me prenaient dans une soirée ? Est-ce que je jouissais chaque fois ? » Mes réponses étaient tout aussi factuelles. Il arrivait qu'il arrête la voiture le long du trottoir, pas pour que nous nous touchions, mais pour poursuivre l'interrogatoire, le visage paisible, le regard portant bien au-delà du bout de la rue. Est-ce que j'en prenais plusieurs en même temps, dans la chatte et dans la bouche ? « C'est le rêve, et branler aussi des deux mains. » Cet ami était journaliste ; il a fini par m'interviewer pour une revue à laquelle il collaborait.

Dans mon entourage immédiat, il s'agissait d'entretenir verbalement une excitation qui permettait aux membres du club de se retrouver clandestinement n'importe où, dans une réunion de travail ou dans une party, et d'en supporter l'éventuel conformisme, par exemple à une pendaison de crémaillère où les invités sont très nombreux. Ils vont et viennent dans l'immense atelier sans pouvoir s'asseoir. « C'est avec ce type là-bas que tu dis prendre tellement ton pied ? C'est formidable ; il n'est pas terrible, mais ça ne veut rien dire. Qu'est-ce qu'il peut bien te faire ? » Je réponds d'un hochement de tête ; c'est vrai qu'il est moche cet homme et qu'en plus il jure par rapport à l'assemblée. Dans ma dérive, je fréquente des milieux différents et j'aime bien faire en sorte que les gens se croisent. Je l'ai fait inviter sans qu'on le connaisse. Quelqu'un est venu me demander qui était le type qui portait cette tunique à la mode hippie, totalement ringarde. Il n'empêche. Quand je passe des nuits avec lui, dans son lit sens dessus dessous avant même qu'on s'y mette, nous nous suçons pendant des heures. Pendant un soixante-neuf, cela m'échauffe terriblement de frotter ma poitrine sur son ventre un peu caoutchouteux. « C'est vrai que tu as un penchant pour les bedonnants. – J'ai rêvé que je rencontrais Raymond Barre dans une partouze !... Et puis, je les aime pas très nets non plus... Je crois bien qu'il ne se lave jamais les dents. – Tu es dégueulasse. Il est marié, non ? – J'ai vu une photographie de sa femme. Affreuse à un point saisissant... » Ça aussi m'excite. La hauteur de ma voix est normale, mais je lâche des précisions avec parcimonie. Je me complais dans l'évocation de cette malpropreté et de cette laideur contagieuses, en même temps que je savoure le léger dégoût de mon interlocuteur. « Vous vous sucez. Et après ? – Tu ne peux pas savoir ce qu'il gémit... Quand je lui lèche le cul... Il se met en levrette, il a les fesses très blanches... Il les dandine quand j'y enfonce le nez. Après, c'est moi qui me mets à quatre pattes... Il finit, vite, par petits coups, comment dire ? Très ajustés. » Celui à qui je m'adresse est un baiseur mais il se trouve que je n'ai jamais couché avec lui. Il ne m'attire pas particulièrement non plus. Celui dont je parle n'est pas du genre à me poursuivre de questions, mais il m'écoute et, au bout du compte, parce que tout un chacun finit par appeler par son prénom l'ami d'un ami qu'il n'a jamais rencontré, je le considère comme intégré au cercle.

Plus j'ai acquis de sociabilité, mieux j'ai cultivé un pragmatisme inné en matière d'échanges sexuels. Après avoir testé, lors des premières rencontres, la réceptivité de l'autre aux jeux triangulaires, j'adaptais mes paroles. Un faible halo luxurieux autour de ma personne suffisait avec certains quand d'autres, comme je viens de l'évoquer, entendaient m'accompagner par la pensée dans le moindre attouchement auquel je m'étais livrée. À cela s'ajoute que le discours de vérité n'est évidemment jamais absolu, toujours indexé sur l'évolution des sentiments. Bavarde avec Jacques au début, je dus me débrouiller, plus ou moins bien et de toute façon à retardement, avec l'interdit qui frappa aventures et récits d'aventures à partir du moment où notre relation fut pensée, vécue comme une relation d'amour, ceci tout en ayant l'occasion de lire à une ou deux reprises dans ses romans la description d'une scène érotique qui ne pouvait être que le reflet d'une anecdote rapportée par moi. Parmi tous les hommes que je fréquentai durablement, seuls deux coupèrent court d'emblée à mes exposés panoramiques. Encore que, j'en suis à peu près certaine, ce qu'ils ne voulurent pas savoir, et qui fut donc occulté, n'en resta pas moins un élément constitutif de notre commerce.

Ceux qui obéissent à des principes moraux sont sans doute mieux armés pour affronter les manifestations de la jalousie que ceux que leur philosophie libertine laisse désemparés face à des explosions passionnelles. La libéralité la plus grande et la plus sincère dont un être fait preuve dans le partage du plaisir pris avec le corps de l'être qui lui est cher peut, sans qu'aucun signe ne l'ait annoncé, être traversée d'une intolérance exactement proportionnelle. La jalousie était peut-être une source qui clapotait au tréfonds de lui, dont les bulles, en crevant, irriguaient même, souterrainement et régulièrement, le champ libidinal, jusqu'à ce que, tout à coup, elles forment un fleuve et alors, là, c'est la conscience dans son entier, ainsi que cela a été décrit des millions de fois, qui est submergée. L'observation aussi bien que l'expérience me l'ont appris. Personnellement, j'ai vécu la confrontation avec ces manifestations dans une hébétude que même la mort d'êtres proches, fût-elle brutale ou agressive, n'a pas provoquée chez moi. Et il fallut que je lise Victor Hugo, oui, que j'aille chercher cette figure-là de Dieu le père, pour comprendre que cette hébétude est de même nature qu'une sorte d'enfermement propre à l'enfance. « Se rendre compte des faits n'est point de l'enfance. [L'enfant perçoit] des impressions à travers le grossissement de l'effroi mais sans les lier dans son esprit et sans conclure », ai-je lu un jour dans *L'Homme qui rit*, trouvant enfin l'explication de mon abrutissement. Et je certifie que l'on peut encore, alors qu'on a atteint une taille qui ne devrait plus autoriser les grossissements, subir ce que je définirais ainsi : l'incompréhension d'une injustice qui ne permet même pas d'accéder au sentiment de cette injustice. Tout au long du chemin qui va de la rue Las Cases au quartier de l'église Notre-Dame-des-Champs, j'ai été battue, piétinée dans le caniveau et, lorsque je me relevais, forcée à marcher par des bourrades sur le haut de la nuque et sur les épaules, comme on le faisait autrefois aux cancres qu'on menait au cachot. Nous sortions d'une soirée qui n'avait pris aucune tournure partouzarde, seulement agitée, à un moment donné, par une cavalcade dans laquelle j'avais été entraînée par un monsieur en vue qui avait profité du passage dans un salon sans éclairage pour me jeter sur un divan et inonder mon oreille de sa salive. L'ami qui m'a battue m'avait pourtant déjà accompagnée dans des parties autrement dissolues. Lorsque, dans la nuit, j'ai reparcouru tout notre trajet à l'envers, dans l'espoir déçu de retrouver un bijou qui s'était décroché sous les coups, c'est sur cette perte, exclusivement, que mon esprit s'est concentré. Une autre fois, un de mes récits imprudemment détaillé me valut une vengeance moins colérique bien que tout aussi violente : un coup de rasoir donné à l'épaule droite, alors que je dormais couchée sur le ventre, mais non sans que la lame ait été au préalable soigneusement désinfectée à la flamme de la cuisinière. La cicatrice que je garde, en forme de petite bouche stupide, est une bonne illustration de ce que je ressentis.

Ma propre jalousie a été épisodique. Si j'ai profité de mon itinéraire sexuel pour satisfaire ma curiosité intellectuelle et professionnelle, j'ai en revanche entretenu une grande indifférence à l'égard de la vie sentimentale, conjugale, de mes amis. Et même plus que de l'indifférence, un peu de dédain. Je n'ai connu d'accès de jalousie qu'avec les hommes dont j'ai partagé la vie et curieusement sur une base très différente dans les deux cas. J'ai souffert chaque fois que Claude était séduit par une femme que j'estimais plus jolie que moi. Je ne suis pas laide, mais à condition qu'on apprécie globalement mon physique, non par le caractère remarquable de mes attributs. J'enrageais de ne pouvoir parfaire mes performances sexuelles en principe illimitées par une apparence qui n'aurait pas admis plus de réserve. J'aurais tellement voulu que la suceuse la plus experte, la première partante de toutes les partouzeuses, ne fût pas petite, les yeux trop rapprochés d'un nez trop long, etc.

Je pourrais décrire, avec la plus grande précision, des traits physiques auxquels Claude s'attacha : le visage triangulaire et la chevelure d'une Iseult secrétaire, son thorax gracile qui par contraste mettait en valeur les épaules rondes et les seins coniques ; les yeux clairs d'une autre pourtant brune comme moi ; les tempes lisses et les joues de poupée d'une autre encore. Il va sans dire que la force de la contradiction apportée au principe de la liberté sexuelle rendait la douleur inarticulable et que j'ai alors donné en spectacle des crises de sanglots d'autant plus irréductibles, des arcs hystériques dignes des dessins de Paul Richer.

Avec Jacques, la jalousie a pris la forme d'un terrible sentiment d'éviction. Les représentations que je pouvais forger d'une femme qui en mon absence venait occulter de sa croupe la perspective au bout de son sexe à lui, dans un paysage qui nous était familier, ou dont le corps tout entier, massif, matière en expansion, habitait le moindre détail de notre environnement – le marchepied de la voiture, le dessin d'un ramage sur la housse d'un canapé, la paroi d'un évier où le ventre s'applique quand on vient rincer une tasse –, ou même dont les cheveux étaient collés dans mon casque de moto, donnaient cours à une douleur si intense qu'il me fallait en trouver fantasmatiquement l'issue la plus drastique. J'imaginais que, les ayant surpris, je quittais la maison, prenais le boulevard Diderot jusqu'à la Seine tout près, et me jetais dans l'eau. Ou bien je marchais au-delà jusqu'à l'épuisement, et l'on me recueillait dans un hôpital, muette et idiote. Une autre échappatoire moins pathétique consistait en une activité masturbatoire intense. Comme j'ai commencé à livrer le contenu des récits qui soutiennent cette activité, il est peut-être intéressant que je dise un mot des modifications qu'ils subirent à un moment donné. Les péripéties dans les terrains vagues et les personnages de livreurs, profiteurs flegmatiques, furent remplacés par un registre limité de scènes où je n'apparaissais plus, dont Jacques était l'unique figure mâle, en compagnie de l'une ou l'autre de ses amies. Les scènes étaient en partie imaginées, en partie construites de bribes récoltées par effraction dans les carnets ou la correspondance de Jacques, car celui-ci est peu disert en la matière. À l'étroit dans une Austin garée sous un pont de chemin de fer, il lui maintient le crâne sur son ventre, délicatement, des deux mains, comme on manipule un globe de verre qui couvre un objet précieux, jusqu'à ce que, son foutre ayant jailli dans le fond de la gorge, il perçoive le hoquet de la déglutition un peu réticente. Ou bien le grand cul blanc s'épanouissant au-dessus du canapé du salon comme un gigantesque champignon, je vois Jacques s'y engouffrer tout en le claquant franchement. Une autre possibilité est que la fille se tienne debout, un pied posé sur un tabouret, dans la position qu'adoptent certaines femmes pour mettre en place un tampon hygiénique ; Jacques, agrippé aux hanches, arc-bouté sur la pointe des pieds, l'enfile selon la même configuration, c'est-à-dire par l'arrière. Systématiquement, mon orgasme se déclenchait à l'instant où mon récit autorisait l'éjaculation de Jacques, où mon regard mental reconnaissait la puissante contraction asymétrique de son visage dans ces moments-là. Cette confiscation de mes vieux fantasmes finit par susciter un réflexe de défense, mais il me fallut néanmoins beaucoup de persévérance, de volontarisme pour qu'avec ma propre personne comme protagoniste ils reconquièrent cette zone de mon imagination.

Je ne peux pas clore ce chapitre du commerce, qui, comparable au cocon du ver à soie, recouvre et constitue la relation sexuelle, sans évoquer mon unique et ratée tentative de prostitution. Je pouvais toujours me laisser aller, lorsque j'entendais parler de Madame Claude, à des rêveries fantaisistes à propos de prostitution mondaine, jalouser le personnage de Catherine Deneuve dans *Belle de jour*, j'aurais été bien incapable de négocier le plus modeste échange de ce type. On racontait que Lydie, la seule femme que j'aie connue qui ait pris dans les partouzes des initiatives d'homme, avait séjourné plusieurs jours dans un bordel de Palerme afin d'offrir à l'un de ses amis, grâce à l'argent gagné, une fête magnifique. Pour moi, cela relevait du mythe et me laissait pantoise. J'ai suffisamment fait allusion à ma timidité, à ma nature première excessivement réservée, pour qu'on en comprenne les raisons. Pour établir une relation dans l'ordre vénal, il faut en passer par un échange de paroles ou de gestes, en tout cas une complicité qui est celle de toute conversation ordinaire et qui, pour moi, n'aurait pas été si différente des préliminaires de séduction que je fuyais. Dans l'un comme dans l'autre cas, il faut, pour tenir son rôle, savoir prendre en compte l'attitude et les répliques de son partenaire. Or, lors du premier contact, je ne savais que me focaliser sur un corps. Ce n'est qu'ensuite, lorsque, d'une certaine façon, j'y avais pris mes repères, que le grain de la peau et la pigmentation particuliers m'étaient devenus familiers, ou que j'avais appris à y ajuster mon propre corps, que mon attention remontait, si j'ose dire, jusqu'à la personne, souvent, je l'ai dit, pour une amitié sincère et durable. Mais alors il n'était plus temps de réclamer de l'argent.

Pourtant, j'en manquais. Une ancienne amie de lycée voulut me rendre service. Une relation lui avait proposé de rencontrer une femme à la recherche de très jeunes femmes. Elle n'osait pas y aller mais pensait que ça pouvait m'intéresser. Elle avait l'idée que faire ça avec une femme « portait moins à conséquence » qu'avec un homme. J'ai obtenu un rendez-vous dans un café de Montparnasse, avec un intermédiaire méfiant, un homme de trente-cinq ans environ qui ressemblait à un agent immobilier. Par précaution, un copain m'accompagnait de loin. Je n'ai aucun souvenir de la discussion, de l'arrangement envisagé ; le type prenait beaucoup de soin, me semblait-il, à parler de la femme que nous devions retrouver, pendant que moi, n'arrivant sans doute pas à m'imaginer à la place de la prostituée, j'inversais les rôles et me représentais cette femme sous les traits d'une call-girl vieillissante, les cheveux décolorés, une lingerie qui n'adhère pas à la chair, renversée sur un dessus-de-lit pelucheux, silencieusement autoritaire. En dépit de ma naïveté, j'ai tout de suite compris, quand il m'a entraînée dans un des petits hôtels de la rue Jules-Chaplin que je connaissais, que je ne verrai jamais la femme. Peut-être que d'en avoir tant parlé l'avait immédiatement et définitivement rejetée dans l'espace de l'imaginaire. La chambre était agréablement cosy ; il a allumé les deux lampes de chevet, mais sans prendre la peine d'éteindre le plafonnier, a immédiatement descendu sa fermeture Éclair en me demandant de le sucer, sur le ton de celui qui, dans le métro, s'excuse de vous avoir bousculée tout en ayant l'air de penser que c'est votre faute. Je me suis exécutée, trop contente de ne plus avoir affaire à son incivilité. Il s'est allongé sur le couvre-lit satiné, il bandait bien dur, il était facile à manier. Je l'aspirais régulièrement sans fatigue, calée sur mes genoux placés perpendiculairement à son bassin, ce qui est une des positions les plus confortables. J'étais pressée d'en finir car les pensées s'agitaient de manière confuse dans ma tête. Est-ce qu'il fallait que je l'interroge à nouveau sur la femme que nous étions censés rejoindre ? Ce serait sot. Est-ce qu'il fallait que je lui demande de l'argent pour cette fellation ? Mais est-ce que je n'aurais pas dû le faire avant ? Qu'est-ce que j'allais raconter à celui qui m'attendait ? J'ai été surprise par l'expression sincère, juvénile, d'abandon de son visage lorsqu'il a joui et qui contrastait avec son comportement ; ça a été aussi la seule fois de ma vie où j'ai vu mené au terme du plaisir un homme qui m'était antipathique. J'ai gardé une vision nette de la chambre quand nous l'avons quittée, le dessus-de-lit impeccable, les sièges auxquels nous n'avions pas touché, la netteté sans objet des tablettes de nuit sous les abat-jour. J'ai nié, mais je n'ai pas pu dissimuler à l'ami attentif que j'avais rejoint à une terrasse que je venais de me servir copieusement de ma bouche. Un pompier, surtout s'il est rondement mené, meurtrit l'intérieur des lèvres. Si on fait aller et venir celles-ci sans discontinuer, il vaut mieux protéger le membre activé en les rabattant sur les dents – j'ai en tout cas toujours procédé de cette façon. « Tu as les lèvres toutes gonflées », m'a dit le copain, qui m'a traitée d'imbécile. Le jeune homme aux airs d'agent immobilier m'avait suivie. Il nous a insultés, sous prétexte que nous aurions voulu lui jouer un mauvais tour. Je n'ai pas bien compris lequel. Il n'a pas insisté.

Ce qu'on a pu se moquer de moi sous prétexte qu'il m'était si facile de mettre mon corps à disposition et que je ne savais pas en tirer profit ! Je fréquentais des hommes relativement aisés mais je n'avais pas de disposition pour la petite comédie qu'il aurait fallu jouer si j'avais voulu obtenir d'eux des avantages matériels qu'ils devaient par ailleurs consentir à d'autres. Si je devais – à l'instar des chefs d'État supposés tenir le registre des cadeaux reçus d'ambassadeurs ou de chefs d'État étrangers –, en dresser la liste, le butin serait consternant : une paire de bas orange pailletés que je n'ai jamais portés, trois gros bracelets 1930 en bakélite, un short, sans aucun doute l'un des premiers modèles sortis du prêt-à-porter de l'hiver 1970, en maille blanc cassé, avec tunique assortie, une authentique robe de mariée berbère, une montre achetée dans un bureau de tabac, une broche en plastique à la géométrie baroque typique du début des années quatre-vingt, un collier et une bague Zolotas qui se sont malheureusement ternis très vite, un paréo aux angles perlés, un godemiché électrique de marque japonaise, ainsi que trois petites boules métalliques à loger dans le vagin et censées provoquer une excitation pendant la marche mais qui n'ont jamais été efficaces… Je dois ajouter une participation à la première robe achetée dans une boutique Yves Saint Laurent, un drap de bain, aussi de chez Saint Laurent, ainsi que des soins dentaires élaborés que je n'ai jamais eu à régler, un prêt de plusieurs milliers de francs que je n'ai jamais eu à rembourser. On m'a toujours offert le taxi, le billet d'avion. « Tu avais l'air perdue, me dit quelqu'un qui m'a connue très jeune, et on ne pouvait pas s'empêcher de te donner un billet de cent francs. » J'ai dû toute ma vie continuer de donner

cette impression aux hommes, non d'une femme inté-
ressée, loin s'en faut, mais d'une adolescente inapte à
gagner de l'argent et qu'il fallait bien aider d'un peu
d'argent de poche. J'exclus bien sûr de ce compte tous
les cadeaux offerts par Jacques, à la mesure de notre
relation qui est d'une autre nature, et je range à part les
œuvres données par des artistes et dont je peux tout de
même penser, comme chaque fois que mes intérêts professionnels se sont trouvés intriqués avec mes relations
sexuelles, qu'elles gratifiaient autant la critique d'art
que, lorsque ce fut le cas, l'amante.

Rien que des premières fois

On ne soutient pas, dans tous les moments de la vie, le
même régime sexuel ! Cela peut être dû à des circonstances amoureuses – une seule personne canalise tout
votre désir – mais aussi à ces moments de retour de la
conscience sur elle-même où, à la faveur de changements intervenant dans des secteurs qui ne sont pas
forcément ceux de la vie sentimentale – déménagement,
maladie, nouvel environnement professionnel ou intellectuel… –, on sort de la piste sur laquelle on s'était
engagé. Je connus deux occasions qui mirent un frein à
ma dispersion sexuelle. Comme nous nous apprêtions
à partager le même lieu d'habitation, Jacques et moi,
celui-ci m'écrivit que nous ne devions impérativement
rien nous cacher, ne pas nous mentir. Or il se trouve que
je venais de nouer des relations dont je pensais qu'elles
lui déplairaient. Je réussis à en éviter une ou deux, espa-
çais les soirées dans des partouzes et vécus le reste dans
une culpabilité que je n'avais guère connue jusqu'alors

et qui eut un effet inhibiteur, certes relatif mais néanmoins réel. D'autre part, une partouze, dont le déroulement fut pourtant banal, marqua pour moi un tournant. Je connaissais le couple qui nous recevait et que je regardais, parce que lui venait de prendre la direction d'un grand journal et qu'elle était chanteuse, comme des parodies des personnages de *Citizen Kane*. J'avais déjà baisé, sinon avec eux, du moins avec lui. L'assemblée était distinguée, répartie en deux groupes : l'un dans la chambre à coucher, l'autre sur un sofa curieusement placé au milieu d'un salon éclairé par un lustre. J'étais sur le sofa, décidément de préférence dans la partie la plus éclairée, normalement active. J'aimais assez la verge de notre hôte, trapue, selon des proportions qui en faisaient le modèle réduit de tout son corps dépourvu de taille. Un mouvement s'est produit en direction de la chambre, où une jeune femme, enfoncée dans l'édredon, les membres en l'air comme un bébé qui gigote dans son couffin, disparaissait sous les dos épais qui venaient successivement la couvrir, et poussait des hurlements qui traversaient tout l'appartement. Je regarde avec placidité ce genre d'extraversion. L'admiration qu'un des participants a exprimée, trouvant qu'« elle s'en donnait », était bête. Je suis retournée me reposer sur le sofa. J'ai pensé que cette jeune femme occupait une place centrale qui jusqu'alors était la mienne et que je devais en être jalouse, mais ma jalousie était tempérée. Pour la toute première fois, je marquais une pause dans une de ces soirées où j'avais depuis toujours opéré sans relâche. Et cette pause, je l'appréciais au même titre que lorsque je me repliais sur moi-même au cours d'un dîner ou d'une réunion entre amis. Je ne suis pas restée sans m'interroger sur ma réaction nouvelle. La réponse que j'ai trouvée était qu'en discutant toujours ouvertement de ces pratiques avec des interlocuteurs qui s'y livraient ou ne s'y livraient pas, en les commentant et en les interprétant la plupart du temps avec l'arsenal d'une psychanalyse plus ou moins sauvage – et qui avait sur moi l'effet du régiment de cavalerie déboulant dans un campement d'Indiens insoumis –, enfin, ayant moi-même fini par prendre trois fois par semaine le chemin d'un divan où il n'était plus question de baiser mais d'en parler, j'avais acquis sans m'en rendre compte une place qui n'était plus seulement de membre actif mais aussi d'observatrice.

Et c'est lorsque je me suis écartée du centre de la spirale que j'ai fait une découverte : mon plaisir n'était jamais aussi vif que lors de la première fois, non pas où je faisais l'amour avec quelqu'un, mais où nous nous embrassions ; et même, le premier enlacement me suffisait. Il y eut des exceptions bien sûr. Toutefois, dans la plupart des cas, si la suite n'était pas désagréable, elle avait le goût de la gaufrette qu'on croque quand on n'a plus de boule de glace à faire fondre sur la langue, l'attraction du tableau qu'on admire mais dont on repaît son regard pour la quinzième fois. Si j'étais prise par surprise, la volupté était totale. Ce sont ces occasions qui me fournissent beaucoup de mes souvenirs les plus nets d'orgasmes. Je peux citer : la traversée, tard dans la nuit, de l'immense hall d'un Intercontinental ; l'assistant élégant et distingué qui m'accompagne depuis deux semaines dans un périple à travers le pays me rattrape par le bras alors que nous venons de nous souhaiter bonne nuit, me plaque contre lui, m'embrasse sur la bouche. « Demain matin, je viendrai te voir dans la chambre. » Je ressens le spasme qui monte jusqu'à

l'estomac et je repars vers les lointaines petites récep-
tionnistes en me tordant la cheville. Une autre fois, je
plonge au ras de la moquette en direction d'un maître de
maison un peu saoul, vautré au milieu d'autres invités, et
qui m'attire à lui en tirant sous le col de mon pull-over,
m'embrasse longuement d'un de ces baisers de cinéma
qui font dodeliner de la tête ; il ne s'agit pas d'une
soirée destinée à tourner en partouze, sa femme discute
dans la pièce à côté, un de ses amis assis par terre comme
nous, le visage par inadvertance tout près des nôtres,
nous regarde, égaré. Je finis de m'avachir. Encore : la
visite du « Dernier Picasso » au Centre Georges-Pompi-
dou en compagnie de Bruno avec qui les rapports sont
très aléatoires. Comme il sort de mon champ de vision
au moment où je m'approche d'un tableau, sa présence
devient encore plus prégnante et je suis prise au
dépourvu par une décharge sécrétrice, brève mais très
distincte. Continuant de parcourir l'exposition, je sens
mon collant poisseux contre les lèvres de mon vagin
puis contre le renflement à l'intérieur des cuisses, selon
l'alternance de la marche. Or, alors que pendant une
première période de ma vie je restais assez indifférente
au fait de retrouver ou non la même sensation dans
des caresses plus abouties, ou pendant la pénétration,
dans un second temps, quand j'eus pris conscience de
sa limitation singulière, je commençai à espérer que
ce serrement lointain dans une zone indéfinissable du
bas-ventre et l'onde fameuse qui le dissipe puissent se
renouveler également dans la poursuite des rapports.

À l'approche de la moitié de ma vie, j'ai enchaîné deux
relations, l'une insouciante, l'autre chargée d'affect, qui

ne s'en sont pas moins déroulées selon un schéma comparable : je prenais le temps d'être consciente du désir que j'éprouvais à l'égard de la personne et ce désir était d'autant plus ardent ; au bout du désir, il y avait des moments de copulation passionnés mais au cours desquels ma satisfaction n'était jamais aussi pleine que lors de l'attouchement inaugural. De longues années durant, j'ai entretenu fidèlement avec celui qui m'accompagnait à l'exposition Picasso une amitié que menaçaient par phases des accès de désir mal assumés, contrariés, agressifs, etc. Ce fut mon unique expérience chaotique. J'étais reçue quotidiennement chez lui pendant des semaines, puis un jour je sonnais à la porte, personne ne répondait ; la porte restait close pendant plusieurs semaines, voire plusieurs mois. Et ce, jusqu'à ce que mon opiniâtreté incrédule soit enfin gratifiée d'une interjection rauque au bout du fil qui m'autorisait à me présenter à nouveau devant lui. Sans doute à cause de ce climat d'incertitude, l'orgasme instantané fut avec lui très souvent reconduit. Nous parlions avec volubilité, échangions des impressions de lecture, le plus souvent debout dans un intérieur où aurait pu vivre un quaker. Le temps passait, je me rapprochais. « On a envie d'un petit câlin ? », interrogeait-il sur le ton distrait mais affectueux d'un adulte qu'un enfant vient déranger dans ses occupations. Alors sa main écartait ma culotte et deux phalanges, quatre, déclenchaient de ma part un petit cri douloureux, court, parce qu'il était autant de surprise suffocante que de plaisir. Lui aussi témoignait du plaisir de trouver le passage déjà inondé. Nous étions généreux en caresses et en baisers. Il avait des gestes larges. Si j'étais couchée, il dégageait le drap du même mouvement qui parcourait ma poitrine de part

88

en part ; je pouvais rester droite et immobile sur le dos, pendant que sa paume me balayait d'un coup tout entière, comme si je n'avais été qu'une esquisse. Lorsque c'était à mon tour de m'occuper de lui, au contraire je l'explorais avec minutie, privilégiant les plis du corps, arrière de l'oreille, aine et aisselles, raie des fesses. J'allais même chercher les sillons des lignes dans ses mains entrouvertes. Pendant tout le temps de ces préliminaires, je pensais combien ce serait délicieux tout à l'heure, lorsqu'il se déterminerait à me retourner pour me prendre comme j'aime être prise, en levrette, qu'il attraperait mes fesses pour les plaquer par mouvements brusques et sonores contre son bassin. J'aime particulièrement que la bite entre et sorte par à-coups ; une fois sur trois ou quatre, le coup un peu plus vif provoque une surprise qui me ravit. Pourtant, je n'ai retrouvé qu'exceptionnellement une volupté aussi intense que lorsque les doigts avaient ouvert la voie. Alors je me mettais à penser que la prochaine fois le permettrait, je m'installais dans cette attente et je m'occupais au besoin à forcer la résistance de la porte close, ou de la leçon de morale.

Auparavant, j'avais eu une liaison avec l'auteur des photographies ratées prises dans mon bureau. Il me donnait des rendez-vous soit dans un hôtel du quartier des Gobelins, soit dans l'appartement inoccupé qu'on lui prêtait, près de la gare de l'Est, à des heures indues pour quiconque exerce une activité professionnelle un tant soit peu dépendante d'horaires de bureau : entre onze heures et midi, trois heures et demie et quatre heures et demie... La veille déjà, je sentais l'énervement de mon sexe soumis aux trépidations de la banquette du métro tandis que j'anticipais nos retrouvailles. La sensation pouvait être si crispante que je préférais parfois descendre quelques stations avant destination et me détendre en marchant. Cet homme léchait mon sexe indéfiniment. Sa langue agissait langoureusement, écartait soigneusement tous les replis de la vulve, sachant décrire des circonvolutions autour du clitoris puis appliquer de larges lèchements de jeune chien sur l'ouverture. Le besoin que son sexe vienne cicatriser cette ouverture devenait impératif. Quand il pénétrait enfin, avec autant de douceur et fouillant avec autant de méticulosité que la langue, mon plaisir ne parvenait pas à être à la mesure de ce qu'avait été l'ascension du désir.

Étant donné les déplacements auxquels obligeaient ces rendez-vous dans de courts laps de temps, il arrivait que nous nous manquions. Si je ne le voyais pas venir, je restais étendue sur le lit, les pieds ballants, l'envie douloureusement calée entre les cuisses comme une entretoise qui m'aurait empêchée de les refermer. Il s'ensuivait une oppression qui me paraissait insurmontable, qui m'empêcherait d'accomplir les tâches de la journée, de retourner au bureau, de téléphoner, de décider de choses importantes ou non. Comment pourrai-je, jusqu'au prochain rendez-vous, mener une vie normale, comme si de rien n'était ? Le désir béant fait de moi un pantin de bois qu'on a laissé tomber, les bras et les jambes écartés, raides, incapable de se mouvoir par lui-même. Mais par chance, cette asthénie qui me guette toujours, plus ou moins obsédante selon les circonstances, ne dure pas. La porte du bureau est toujours, sans que j'aie à le décider, un sas parfaitement étanche et je peux bien avoir l'entrejambe trempé (ou venir de vivre n'importe quel événement de quelque nature que ce soit), j'ai la bienheureuse faculté de m'abîmer avec la même facilité dans le travail.

Aurais-je jamais envisagé d'écrire ce livre, qui s'ouvre sur un chapitre intitulé « Le nombre », si je n'avais pas fait l'expérience d'être une fois le minuscule satellite tout à coup sorti de l'orbite où le maintenait un réseau de connexions qui ne le commande plus ? Le lâchage s'est fait en deux étapes. D'abord il m'arriva, de temps à autre, de rencontrer plus fréquemment l'insatisfaction et de la vivre de manière encore plus butée que celle que je viens de décrire. L'excitation pouvait monter très haut. Les signes que je prenais pour le présage certain d'un plaisir total étaient : les lèvres froides, une chair de poule (je reviendrai plus loin, et plus en détail, sur ces sensations). Si, comme c'était devenu souvent le cas, le processus tournait court, c'était à la place de la vaste issue espérée un infranchissable obstacle qui se dressait devant moi. Chaque fois, dans l'instant même où l'autre s'écartait et où je refermais les jambes, avec la même opiniâtreté que lorsque je m'attache dans un article à correctement décrire un objet, j'ai cherché à définir ce qui m'habitait et pour lequel les mots me manquaient. Comment pouvais-je nommer ce sentiment exclusif ? Telle était la question que je m'adressais. Il s'agissait d'une haine, certes, à l'égard de celui qui se trouvait à mes côtés, mais bien sûr indépendante des sentiments que j'éprouvais par ailleurs pour lui. Une haine pourtant qui, sur le moment, me remplissait aussi complètement qu'un métal fondu épouse son moule. Comme je m'obstinais à me la décrire, je me souviens de l'avoir quelquefois comparée à un autre genre de sculpture : au dé hermétique de Tony Smith. Heureusement, de même que l'oppression qui s'emparait de moi après un rendez-vous manqué ne se prolongeait pas au-delà du trajet en taxi ou en métro, cette haine foudroyante ne résistait pas au réflexe qui conduit vers le lavabo. Et je crois bien que c'est ainsi, occupée à passer une serviette de toilette sur mon sexe, que pour la première fois j'ai pensé qu'il faudrait dire la vérité de tout ça.

Pendant une période que j'estime avoir été de trois ans, peut-être quatre, et qui correspond à ce que je considère la deuxième étape, les rapports sexuels que je pouvais avoir se sont raréfiés et, lorsqu'ils avaient lieu, étaient plus ou moins de la nature dont je viens de parler. Il s'est trouvé que j'ai aussi passé, seule à Paris, des semaines d'été découpées en longues journées de travail et en nuits écourtées à la fois par la chaleur et par de classiques angoisses. C'est alors que j'ai sorti de dessous un tas de lingerie ce godemiché qu'on m'avait offert des années auparavant et dont je ne m'étais jamais servie. Il possède deux fonctions qu'on peut choisir d'activer selon deux vitesses. L'extrémité est une tête de poupée le front marqué d'une étoile et dont les cheveux forment un cran qui correspond au bourrelet du gland. Cette tête décrit des cercles plus ou moins larges tandis qu'une sorte de petit sanglier qui se détache à la moitié du cylindre fait vibrer plus ou moins vite sa langue très longue destinée à solliciter le clitoris. La première fois que je me suis servie de l'objet, j'ai joui instantanément, dans un spasme très long, parfaitement identifiable, mesurable, et sans que j'aie eu à me raconter des histoires. J'en ai été toute retournée. L'orgasme, disons même l'orgasme de la qualité la plus pure, pouvait donc être déclenché sans qu'il ait fallu perpétuellement remonter à la source du saisissement de la « première fois » en renouvelant les occasions de cette première fois, et sans même avoir eu le temps de convoquer par l'imagination livreurs et ouvriers de chantier. À de nombreuses reprises, à la suite de ces rapides séances, j'ai sangloté. Se mêlaient la violence douloureuse du plaisir et cette volupté de la solitude que j'ai déjà évoquée, à peine augmentée, là, d'une touche d'amertume. Le contraste entre ce qui correspondait si bien à ce qu'on appelle le plaisir solitaire et mon ordinaire goût de la pluralité était comique. Une fois, j'ai pensé que si je devais « dire la vérité de tout ça », le livre s'intitulerait *La Vie sexuelle de Catherine M*. Ça m'a fait rire toute seule.

Mal pourvue au départ par la nature, je bénéficie aujourd'hui d'une dentition très saine, ceci pour avoir été soignée par un excellent dentiste qui ne m'a jamais envoyé sa note d'honoraires. La première fois que, me recevant comme à l'habitude dans son cabinet, il me fit pénétrer dans une salle d'attente qui n'était pas celle où j'allais ordinairement attendre mon tour, une pièce plus grande et aménagée dans un style très différent, avec un mobilier classique et non pas moderne, j'éprouvai une impression d'étrangeté ; on aurait dit que, passant une porte familière, je me trouvais transportée par magie dans un décor de film, ou dans un rêve. Il me laissa seule. Puis fit irruption, dégagea ma poitrine et mon cul, me caressa, disparut. Revint dix minutes plus tard en compagnie d'une jeune femme. Nous baisâmes tous les trois. Je n'ai compris que plus tard que le cabinet était double, avec deux salles d'attente donnant accès à deux salles de soins contiguës. Julien passait de l'une à l'autre, donnait des soins à un patient pendant que le pansement de l'autre séchait. Si c'était moi, ou je suppose l'une de ses amies, ou l'une et l'autre en même temps, qui se trouvaient dans l'un des cabinets, il pouvait, avec des réflexes de prestidigitateur, exciter sa bite sur la chatte de l'une ou l'autre, la ranger, s'esquiver de l'autre côté de la cloison, revenir. En général, il déchargeait à peine logé dans le fourreau. Seul, il avait conçu et réalisé la décoration de son double cabinet, tard le soir, après le départ du dernier patient. Le week-end, il participait à des tournois de tennis d'un niveau assez élevé. Il arriva qu'il me donne rendez-vous dans l'après-midi, ayant réservé une chambre dans un hôtel international. Je faisais le *check-in*, il me rejoignait un quart d'heure, me laissait l'argent pour le *check-out*. J'avais de la sympathie pour lui. J'étais touchée par le fait mystérieux qui le propulsait dans cette activité sans relâche. Et je m'identifiais un peu à lui, moi qui n'arrêtais pas, et qui, dès que j'étais quelque part, avais aussitôt envie d'être ailleurs, d'aller voir de l'autre côté du mur.

Au retour d'une promenade, je déteste prendre le même chemin qu'à l'aller. J'étudie minutieusement les cartes afin de trouver une route nouvelle qui me conduira vers un paysage, un édifice, une curiosité que je n'ai encore jamais vus. Lorsque je suis allée en Australie, le plus loin que je puisse aller de chez moi sur cette Terre, je me suis rendu compte que la perception que j'avais de cette distance était comparable à l'idée de ne pas rencontrer de barrière sexuelle. Au cours de la même réflexion, je m'étais demandé si la joie d'avoir des enfants appartenait à la même famille de sentiments. Je rattache à ces souvenirs le comportement d'Éric qui s'employait si bien à renouveler le déroulement de nos soirées comme l'aurait fait – je reprends ses termes – un « tour-opérateur ». Il s'agissait, précisait-il, d'« élargir l'espace ».

2. L'espace

La raison pour laquelle d'éminents historiens d'art ont porté au fil de leurs travaux de plus en plus d'attention à l'architecture (je pense à André Chastel et à Giulio Carlo Argan) ne pourrait-elle pas faire l'objet d'une étude ? Comment s'est opéré leur glissement de l'analyse des espaces représentés dans la peinture à celle de l'aménagement de l'espace réel ? En tant que critique d'art, peut-être aurais-je été plus encline à suivre leur exemple si je n'avais pas trouvé dans l'art moderne et contemporain des œuvres picturales dont on peut dire qu'elles se situent sur le seuil entre l'espace imaginaire et l'espace que nous habitons, qu'il s'agisse des immenses et péremptoires étendues colorées de Barnett Newman (Newman qui disait : « Je déclare l'espace »), du bleu irradiant d'Yves Klein qui se présentait comme « le peintre de l'espace », ou encore des surfaces et des objets topologiques d'Alain Jacquet qui donnent sur des abîmes de paradoxes. Ce qui caractérise ces œuvres, ce n'est pas qu'elles ouvrent l'espace, c'est qu'elles l'ouvrent et le referment, Newman dans le resserrement des zips, Klein dans l'écrasement des corps des anthropométries, Jacquet dans la soudure d'un anneau de Möbius. Si on s'y laisse prendre, on y est comme dans un incommensurable poumon.

Portes de Paris

Le parking de la porte de Saint-Cloud se trouve en bordure du boulevard périphérique, dont il n'est en partie séparé que par un mur à claire-voie. Je n'avais que mes chaussures aux pieds, ayant retiré avant de descendre de voiture l'imperméable dont la doublure me glaçait la peau. D'abord, comme je l'ai dit, on m'a plaquée contre un mur perpendiculaire. Éric m'a vue « clouée par les bites, comme un papillon ». Deux hommes me soutenaient par-dessous les bras et les jambes, tandis que les autres se relayaient contre le bassin auquel j'étais réduite. Dans ces conditions d'insécurité, et de nombre, les hommes baisent souvent vite et fort. Je sentais les aspérités du mur de parpaings pénétrer dans mon dos et mes reins. En dépit de l'heure tardive, il y avait encore du trafic. Le vrombissement des voitures, dont on pouvait croire qu'elles nous frôlaient, me mettait dans la torpeur où je sombre durant les attentes dans les aéroports. Le corps à la fois libéré de la pesanteur et recroquevillé, je me repliai à l'intérieur de moi-même. Par intermittence, je percevais à travers mes yeux mi-clos la lumière des phares qui venait balayer mon visage. Mes porteurs se sont écartés du mur et je me suis trouvée soulevée par deux puissants vérins en même temps. Un fantasme actif, qui alimentait depuis longtemps mes séances de masturbation, à savoir que j'étais entraînée par deux inconnus dans un hall d'immeuble obscur et que, me prenant en sandwich, ils m'empalaient ensemble, l'un par le con, l'autre par le cul, trouvait ainsi une consistance dans une ambiance opaque où les images fabriquées dans mon cerveau et la réalité s'interpénétraient mollement.

J'ai dû, si je puis dire, me réveiller quand mon corps a retrouvé un appui normal. Quelqu'un a jeté un manteau sur le capot d'une voiture et on m'y a couchée. Je connais cette place où il n'est pas aisé de se tenir ; je glissais, je n'avais rien à quoi m'agripper. Je ne m'ajustais pas toujours bien aux queues qui venaient chercher le visqueux conduit. J'étais l'invisible point de convergence d'un théâtre d'ombres, sauf lorsque des phares jetaient sur la scène leur lumière pisseuse. Là, j'entrapercevais le groupe étonnamment épars, je pouvais croire que ceux qui avaient déjà lâché leur foutre se désintéressaient de la suite des événements. Face à moi, se dessinait la silhouette d'un véhicule beaucoup plus haut que les autres, sans doute une camionnette, qu'on avait peut-être choisie en guise de paravent sommaire.

L'arrivée sur le petit stade de Vélizy-Villacoublay constitue un souvenir franchement drôle. La route avait été si longue, le conducteur de la troupe s'était montré si mystérieux sur la destination, que la découverte du lieu s'ouvrant comme une vaste clairière au milieu des bois nous fit nous esclaffer. La nuit était claire. Lorsqu'on se donne tant de mal pour trouver un lieu, c'est d'habitude pour faire le choix d'un espace moins à découvert, plus approprié à la complicité ! De plus, tout le monde s'est rendu compte que nous allions forniquer au milieu des fantômes des adolescents qui venaient jouer là au football, les mercredis après-midi. Aux questions qui n'ont pas manqué de venir, notre guide a répondu qu'en effet il connaissait l'endroit pour y être venu s'y s'entraîner souvent. Il avait l'air penaud, comme si on l'avait obligé d'avouer un vieux fantasme.

Qui n'a pas rêvé de polluer avec des parties de jambes en l'air les lieux les plus ordinairement innocents qu'il fréquente ? Le groupe a trouvé refuge sous la pente des gradins tant il est contraire à la nature humaine de copuler face à l'horizon ou à toute perspective trop lointaine. À tout prendre, on se protège moins des regards qui peuvent au besoin, et plus encore que des corps, constituer une très sûre barrière. Ceux qui baisent sur la plage, l'été au clair de lune, se mettent par la pensée dans une intimité qui les abstrait de l'immensité alentour. Notre groupe était trop nombreux et dissipé pour créer de lui-même cette intimité. J'ai pris les queues debout, accrochée à quelque montant des gradins, la robe simplement retroussée, craignant de tout quitter à cause de la fraîcheur, les fesses néanmoins bien dégagées. Ayant la taille particulièrement cambrée, je me prête bien à cette position. Il y avait ainsi, dans le périmètre autour de mon cul tendu, une agitation joyeuse, tandis que mon regard, dissocié, portait à travers l'encadrement des planches sur la pelouse vide.

Il me semble que j'ai quand même dû me retrouver nue. Il y a eu une plaisanterie à propos des vestiaires à disposition : autant en profiter. Ils se trouvaient à l'arrière d'une guérite, le devant de celle-ci étant occupé par un comptoir car elle devait aussi faire office de buvette. Je me suis allongée là, brièvement, pour le plaisir ambivalent d'être palpée et retournée comme une marchandise de choix. Je gigotais, respirais profondément l'air humide. Le toit de la guérite était prolongé d'un auvent qui surplombait le comptoir. Les murs en planches étaient réguliers, propres, sans aucune affichette collée dessus, l'ensemble d'une simplicité minimaliste, à la mode de ces décors de théâtre que les scénographes conçoivent, loin du réalisme, comme des épures. J'ai eu droit aux dernières caresses, à quelques lèchements sur la vulve placée à bonne hauteur et puis, comme décidément le trajet avait été long, les voitures n'ont pas tardé à redémarrer.

Si beaucoup de ces aventures ont lieu la nuit, c'est bien sûr parce que pendant ces heures les lieux publics où l'on peut se tenir nombreux, et qui s'offrent comme d'amusants théâtres pour un répertoire auquel ils ne sont pas destinés, sont plus accessibles, éventuellement moins surveillés, ou du moins bénéficient d'une surveillance complaisante. Une amie d'Éric gardait ainsi le souvenir de la sensation glaciale mais stimulante qu'une boucle de ceinturon avait laissée sur ses fesses, un échange de bons procédés ayant été convenu entre le couple et le groupe de motards qui faisait une ronde au Bois. On pense aussi que l'obscurité protège. Mais pour certains esprits tels que le mien, elle permet simultanément d'élargir à l'infini un espace dont les yeux ne perçoivent pas les limites. La haie d'arbres à quelques mètres cesse de faire obstacle. En fait, l'obscurité totale n'existe guère, et les gens, de toute façon, préfèrent habituellement l'imprécision de la pénombre. J'aimerais, moi, le noir total, à cause du plaisir que je trouverais à me laisser engloutir dans une nappe indifférenciée de chair. À défaut, je peux saisir l'occasion d'une lumière brutale parce que l'aveuglement qu'elle provoque et l'impossibilité dans laquelle on se trouve alors d'en situer la source immergent dans une atmosphère cotonneuse où les frontières du corps se dissolvent. Autrement dit, je ne crains pas d'être vue par surprise puisque mon corps est brassé dans la même poussière que l'air et que tous les autres corps qui s'y rattachent dans un continuum. Je ne peux donc pas concevoir qu'il y ait des regards extérieurs.

Au cours d'une promenade d'après dîner, un instinct nous avait conduits, Bruno et moi, dans les abords du bois de Vincennes, sur un terre-plein, zone indécise dont le gazon, arrêté comme un trottoir par une bande en béton, est sec et clairsemé. Il y avait là un banc. Nous avons commencé à nous y serrer sans prêter attention au fait que l'endroit était éclairé par un lampadaire et que la lisière du bois était loin. Ç'aurait pu être une scène dans un film d'après-guerre, quand la caméra s'éloigne et isole les personnages au milieu d'un halo. Quand Bruno a remonté ma robe, entrepris de me branler énergiquement, les arbres étaient hors champ. Bien que nous ne nous rendions pas trop compte de notre éventuelle imprudence, nous ne parlions pas et nous cherchions quand même à rétrécir l'espace en n'ayant que des gestes courts, en nous occupant par alternance l'un de l'autre. Tant que ses doigts foraient au fond de mon entrecuisse, je me tenais recroquevillée contre lui, les jambes pliées et resserrées au maximum de ce que permettait la position de son bras. J'avais gardé la poitrine couverte. Quand c'était moi qui me penchais sur le renflement du jean, il s'immobilisait, la tête sur le dossier du banc, le corps droit comme une planche. J'ai entrepris un consciencieux pompier, évitant les changements de rythme pour ne pas susciter de réactions trop vives. Tout à coup, une seconde lumière, puissante, dirigée sur nous, s'est allumée au loin. Un court instant, nous sommes restés dans l'expectative, incapables d'identifier la nature exacte de ce rai ni à quelle distance était sa source. Un comportement familier de Bruno consistait à se laisser d'abord sucer passivement,

L'ESPACE

comme à contrecœur, parfois à interrompre l'exercice, puis à susciter sa reprise sans prévenir, saisissant lui-même son sexe et me le braquant sur la bouche, presque comme s'il eût préféré y entrer par force. C'est ce qu'il fit cette fois, ramenant ma tête relevée par une pression sur la nuque. Mes lèvres et ma main reprirent leur mouvement régulier. Rien ne se produisit de ce qu'aurait pu annoncer l'illumination brutale de nos fantômes soudés. La lumière que je recevais de côté était si forte qu'elle m'éblouissait à travers mes paupières fermées. J'ai mené à bien la tranquille fellation dans le demi-silence des respirations et la danse des taches dorées et noires devant mes yeux. Puis nous sommes rentrés, partageant sans trop la commenter une perplexité amusée. Nous étions-nous trouvés dans le champ des phares d'une voiture ? Voiture de police ou de voyeur ? Un projecteur défectueux s'était-il rallumé automatiquement ? Je ne me suis jamais expliqué cette lumière si bien focalisée.

Plein air

Si j'entendais dire à mon propos « elle baise comme elle respire », j'acquiescerais d'autant plus volontiers que l'expression pourrait s'entendre au sens propre. Mes premières expériences sexuelles, et beaucoup d'autres par la suite, se sont situées dans des environnements qui conduisent à penser que l'oxygène agit sur moi comme un aphrodisiaque. Je ressens ma nudité plus complète en plein air que dans une pièce fermée. Lorsque la température ambiante, quelle qu'elle soit, est perçue par un carré de peau auquel elle n'accède pas normalement, par exemple au creux des reins, le corps cesse de faire

105

obstacle à l'air, il est traversé par lui, donc plus ouvert, plus réceptif. Quand l'atmosphère qui embrasse le vaste monde adhère comme le feraient mille ventouses à la surface de ma peau, ma vulve elle aussi semble aspirée et se dilate délicieusement. Qu'un peu de vent se glisse sur son seuil, il amplifie la sensation : les grandes lèvres me paraissent encore plus grandes, gorgées de l'air qui les effleure. Plus loin, et avec plus de précisions, je parlerai de zones érogènes. Qu'on sache déjà que la moindre caresse capable de réveiller ce passage ignoré qui relie la petite dépression anale du triangle où se rejoignent les grandes lèvres, cette ornière méprisée entre le trou du cul et l'embrasure du con, est une de celles qui m'assujettissent le plus sûrement et que l'air rendu palpable à cet endroit m'enivre plus que la haute altitude. J'aime offrir l'écartement de mes fesses et de mes jambes à la circulation de l'air.

De façon générale, il doit bien y avoir un lien intrinsèque entre l'idée de se déplacer dans l'espace, de voyager, et l'idée de baiser, sinon cette expression très répandue, « s'envoyer en l'air », n'aurait pas été inventée. Tout cela s'additionnant, les terrasses, les bords de route, les campagnes rases, et tous ces espaces conçus uniquement pour être traversés, halls ou parkings, sont des lieux (Marc Augé qualifie les derniers de non-lieux) où il fait bon pour moi d'être, à l'instar de ce qu'ils sont, ouverte.

La première fois que j'ai ôté devant plusieurs paires d'yeux tout ce que j'avais sur le dos, j'étais au milieu d'un jardin entouré d'un simple grillage. J'ai raconté l'épisode. J'ai également fait allusion à cet autre jardin dont la situation en surplomb, face à la mer, était particulièrement intéressante. Il s'étendait devant la maison

106

et, bien qu'on ait été dans le Midi, il était peu ombragé. Tout à fait à l'avant, une partie du sol faite de pierres plates servait de solarium. Nous n'arrêtions pas d'y baiser, y compris en pleine chaleur. Quelqu'un qui aurait survolé l'endroit se serait diverti, ainsi qu'on le fait en avion, de la juxtaposition de spectacles contrastés. Il est toujours drôle d'apercevoir les files éperdues de voitures à la périphérie de la ville qu'on quitte et déjà, d'un même coup d'œil, le désert des campagnes. Ce n'est pas seulement que le raccord entre les deux images, à la couture d'une autoroute, est abrupt, c'est qu'elles décrivent des choses qui s'opposent, s'ignorent, presque avec hostilité ; les voitures rapides, aimantées, ont l'air de mépriser le véhicule isolé qui fuit côté campagne. Au-dessus de Saint-Jean-Cap-Ferrat, on aurait pu voir un petit groupe humain agglutiné à l'écart d'une grande maison énigmatiquement abandonnée, mais tout près d'une route où se croisaient de façon ininterrompue les voitures filant vers le cap et celles qui en revenaient. On n'aurait discerné qu'avec peine la frontière qui rendait ce groupe et ces voitures si mutuellement indifférents. Le muret de pierres grises qui terminait le jardin, très bas, jetait peu d'ombre, et il aurait été difficile d'apprécier que la route se trouvait à plusieurs mètres en contrebas. Cet été-là, j'avais deux acolytes : ma copine homosexuelle et une de ces filles rencontrées au hasard d'une sortie et qui, parce que nous les trouvions sympathiques, s'intégraient au groupe pendant la durée des vacances. Sauf pour y dormir et préparer les repas, nous occupions très peu la villa, et notre assiduité aux bains de soleil avait fait de ce bout de jardin en terrasse le point de rencontre que toute maisonnée élit, et qui n'est pas forcément le salon ni même le coin

107

le plus commode ! Chaque jour arrivaient de nouveaux visiteurs. Avec certains, pas tous bien sûr, les bains de soleil ou la sieste connaissaient des développements. C'était une sorte d'activité estivale désinvolte, comme nous serions allés faire une promenade en bateau. Judith qui préférait les femmes accueillait néanmoins quiconque des deux sexes en manifestait l'envie avec une bonne humeur égale, vaguement détachée. C'était une grosse fille, de celles qu'on trouve belles parce que, comme on dit, elles sont bien proportionnées, façonnées par un pantographe qui se serait contenté d'amplifier le modèle d'une fille mince. Ses seins n'étaient pas lourds mais en forme de chapeaux chinois, les aréoles bien centrées. L'autre fille, au contraire, avait des seins tombants, au-dessus d'une taille et d'un bassin autour desquels deux mains auraient pu se rejoindre. Moi couchée sur le dos, dégageant mon visage de l'épaule qui le couvrait, j'ai vu son buste grêle en contre-jour sur le fond du ciel, les gros goussets de ses seins agités d'un mouvement de ressac. Je pensais que le bas de son corps ne pourrait jamais contenir ce qu'elle y enfournait en chevauchant l'un de nos compagnons particulièrement bien membré. Elle aussi avait un caractère d'ange, et nous formions un trio sans problème, d'un appétit constant et sans tapage. Il arriva qu'une amie, qui nous dépassait toutes d'une bonne tête et qui baisait le corps lové comme si elle avait voulu faire plus de place à celui qui, plus petit qu'elle, la pilonnait avec zèle, fit éclater un collier de perles sous la pression de son cou congestionné. Rien jamais ne troublait la traversée de ces compacts morceaux d'après-midi, dont le rythme était encore ralenti par le ronflement des moteurs absorbé dans le grésillement des insectes et, bien que le tintement des perles sur le sol fût à peine perceptible, que l'amie pâmée ne gémît pas plus fort qu'une autre, je fus surprise d'un tel transport. Je me suis mise à penser : « Est-il possible qu'une femme connaisse un plaisir si débordant que son corps s'en trouve subir une telle transformation extérieure ? » J'avais le loisir d'observer la grimace figée sur le visage de certains hommes ou, chez d'autres, le masque fermé, absent, au moment où le corps atteint son maximum de tension, quand, dans la position classique par exemple, il s'arque depuis les reins jusqu'à la nuque, quittant le corps de leur partenaire dans le même robuste soulèvement que la proue d'une goélette au-dessus de la mer. Mais je regardais beaucoup moins les femmes et, privée du miroir qu'elles auraient pu m'offrir, je n'avais formé, moi qui ne manque pourtant pas de tendances narcissiques, aucune image de mon propre corps dans ces moments. Je savais prendre la bonne position et je connaissais les gestes ; au-delà, tout se diluait dans des sensations que je ne reliais pas à des manifestations visibles. Si j'ose dire, ces sensations ne prenaient pas corps, et moins encore dans la suavité du plein air. Dans les moments où j'apprécie de me mettre à l'écart, il arrivait que je me détache du grand myriapode qui se mouvait sur les matelas de plage, pour m'allonger, telle que j'étais, sur le muret. La lumière était trop forte pour que je fixe le ciel. Tournant la tête d'un côté, j'avais l'horizon à hauteur des yeux ; de l'autre côté, j'étais obligée de les refermer à cause de la réverbération sur le sol de pierres claires.

Cambrer les reins et dégager l'accès à mon trou de devant pour le faire bien tamponner par les parties de celui qui est campé derrière moi, ceci, tandis que se déploie sous mes yeux un large panorama, voilà une situation que j'aime énormément. Comme Jacques a une prédilection pour les baises impromptues dans la campagne, je n'en suis pas privée. Dans la région où nous passons nos vacances, beaucoup de chemins se terminent en cul-de-sac dans les vignes. Parvenus à l'une d'entre elles, située en hauteur et abandonnée, nous nous approchons avec précaution, à cause des ronces, du mur de pierres sèches. Comme je crains de retirer mes tennis, j'écarte au maximum les bords de la culotte pour ne pas la salir quand j'y passe les pieds. Je porte une robe chemisier que j'ai déboutonnée et que Jacques rabat sur mon dos. Les bras tendus, la culotte roulée dans une main, je prends un appui précaire sur les pierres branlantes. Dans ces conditions, il n'y a pas toujours de préliminaires ; Jacques s'engage dans la vulve qui s'écarte peu à peu, serrant très fort dans ses poings la chair disponible sous ma taille. La tête pendante, je vois dans la chambre sombre de mon corps plié en deux mes seins qui pendent et ballottent, les ondulations régulières de l'estomac et du ventre, et puis, au fond de l'étroite galerie, là où réapparaît la lumière, juste un peu de la surface froissée de ses couilles et, par intermittence, la base de son membre. Observer le très court, très mesuré mouvement de va-et-vient fait monter mon excitation autant sinon plus que le polissage lui-même.

Je creuse encore plus le dos et relève la tête pour opposer une résistance au bassin de Jacques qui heurte plus vivement mon cul. Sur ce versant de monticule au-dessus duquel nous nous trouvons, la broussaille a remplacé la vigne. Quand mon con se trouve rendu sensible jusqu'au plus profond, je suis bien obligée de baisser les paupières et, à travers les cils, j'entrevois sur la droite le village de Latour-de-France. Je garde la faculté de me dire : « Voilà Latour-de-France » et d'apprécier une fois de plus sa situation pittoresque sur une butée au milieu de la vallée. Le paysage s'élargit. Je sais le moment où mon plaisir n'ira pas plus loin (quand j'ai eu mon compte, comme on dit, et quelle qu'en ait été l'intensité) et je laisse venir Jacques, dont les poussées sont désormais plus espacées, jusqu'aux trois ou quatre à-coups de l'orgasme, tandis que mon esprit s'abandonne à un autre épanouissant plaisir : libre, il circule et s'attache au contour de chaque colline, les distingue les unes des autres, et se laisse prendre à la magie de l'encre des montagnes en arrière-plans. J'aime tant ce paysage mouvant qui se révèle par pans tombant lourdement les uns devant les autres, et je suis heureuse, là, simultanément, d'être inondée et débordée du foutre qui sourd quelque part au fond de mon ventre.

Dans un pays qui a gardé de la sauvagerie, Céret est une ville d'allure noble. On y dîne dans de très bons restaurants. Arrivés, Jacques et moi, une fin d'après-midi, trop en avance pour nous attabler immédiatement, nous décidons de monter jusqu'à un chemin de sable, large d'au moins quatre ou cinq mètres. La pente est douce, le sol est nivelé, si bien que je n'ai pas à quitter les très hauts escarpins en vernis noir que je porte pour l'occasion. Dans le presque crépuscule, le contraste entre la blancheur du chemin et la végétation haute et sombre qui le borde s'accentue. Du côté du vide, des percées nous permettent de dominer l'imbrication des plans de tuiles rustiques qui s'oppose à la perception que l'on a de la ville lorsque, entre ses dignes façades de style dix-huitième, on marche sur des avenues dont le toit d'ombre est porté par des platanes de trente mètres. On pourrait croire que la plaine, poussée par la mer comme une immense barge, a contraint la ville à se rapetisser contre la montagne. Nous nous arrêtons pour, postés l'un devant l'autre, jouer à repérer comme sur une carte d'autres villages. Les hommes précautionneux vous enserrent d'abord les épaules et la poitrine, vous chatouille des lèvres la base du cou. Jacques, lui, commence toujours par s'emparer des fesses. Compréhension immédiate de sa part qu'il n'y a rien sous la robe bustier pied-de-poule, très couture, dont je me dépouille d'un seul élan comme d'une mue. En se glissant par l'arrière, il me palpe doucement la chatte avec sa petite tête chercheuse, sans essayer de pénétrer. Je presse mon dos contre lui. La température de l'air est idéale. Il s'établit une sorte de correspondance entre l'étendue autour de nous et le déplacement de ses mains en une ample promenade sur mon buste et mon ventre. Je me soustrais quand même à ces caresses parce que, même lorsque la queue est déjà bien raide, je ne la prends pas dans le con sans lui avoir consacré ne serait-ce qu'une brève fellation. Enfin, je représente mon cul. En équilibre sur mes talons, les jambes légèrement pliées pour être à hauteur du bel embout lubrifié, je pose mes mains, doigts écartés, sur mes cuisses contractées. Maintenir la position sans autre appui est assez fatigant. Mais comme j'ai bien été fourrée ce soir-là, l'arrière-train empoigné, foulé, pétri et le haut du corps projeté en avant, au-dessus de la plaine du Roussillon qui lentement se dissolvait ! Je me souviens clairement de m'être dit, pendant ces minutes, dans un accès de conscience qui cristallise le plaisir, qu'il me faudrait un jour trouver le moyen de fixer par écrit cette joie extrême éprouvée lorsque les corps, attachés l'un à l'autre, ont la sensation de se déplier. Pour comprendre, il suffit d'imaginer comment l'on voit, dans les films consacrés aux merveilles de la nature, et grâce à un procédé d'accélération, des pétales de roses inhaler l'oxygène et se défroisser avec méthode.

Nous sommes soumis à des lois sociales, obligés par des rites familiaux : nous nous conformons à ce qu'on appelle désormais une « culture d'entreprise », et jusque dans l'intimité de la vie sexuelle nous installons des habitudes, établissons un code à l'usage unique de deux personnes, une « culture de couple » en quelque sorte. La copulation de plein air fait donc partie de notre « culture de couple » à Jacques et à moi. De la même façon qu'il m'est arrivé de marquer sur un planisphère, avec des épingles à tête de couleur, les villes du globe où je m'étais rendue, je pourrais cocher sur des cartes de l'IGN les ruines, les rochers, les virages d'un chemin, les bouquets d'arbres, où un observateur pointant ses jumelles aurait pu surprendre les tressautements d'une minuscule silhouette bicéphale. Tôt le matin, sur le fond de lait caillé des rochers d'une montagne escarpée, moi, le corps en équerre comme à l'accoutumée, tenant le tronc étroit d'un arbre jeune au feuillage maigre ; les shorts à peine remontés, nous sommes rejoints par un homme : est-ce que nous sommes en vacances dans la région ? Est-ce que nous cherchons notre chemin ? Lui s'étant éloigné, nous supposons qu'il est chargé, pour éviter des vols éventuels, de surveiller l'ermitage qui était en effet le but de notre escalade. Autre chapelle, en ruine celle-ci, mais avec encore de hauts murs dressés au milieu d'un plateau ras, et tout un quadrillage de murets autour, ceux d'une sacristie écroulée où l'on a envie de se promener en rêvant à ses habitants, comme dans une ruine antique. La courte nef est en plein soleil, le chœur dans l'ombre, l'autel de pierre couleur anthra-cite en parfait état. Je m'y couche sur le dos, trop haute pour être enfilée. Tandis que Jacques se penche pour ouvrir mon sexe de quelques lèchements ludiques, je garde les yeux grands ouverts sur le ciel découpé par la ligne de faîte des murs noirs ; je pourrais être au fond d'un puits. Nous finirons une fois de plus debout, dans un réduit qui contient tout juste nos corps, et dont nous ne comprenons pas bien quelle pouvait être l'attribu-tion. Palier ? Niche d'une statue disparue ?

Autres ruines, autre terre rase, celles d'une énorme ferme fortifiée et de ses dépendances et celle du plateau qu'elle semble, au bord de la pente abrupte, défendre encore. Je dois préciser cette autre donnée de notre « culture de couple » : une fois sur deux ou trois, l'étreinte sexuelle est le point d'orgue d'une séance de photos. Cette fois, cette dernière a été longue et compliquée. Je suis venue avec divers vêtements, certains fragiles, que je crains d'accrocher dans les arbustes et les tas de pierres. Même crainte quand il s'agit de me changer entre deux poses, notamment avec une robe en mousseline de soie qui se tord dans le vent. Jacques cherche des contrastes de lumière et me fait explorer toutes les anfractuosités de la ruine. Je marche prudemment sur le sol caillouteux parce que j'ai aux pieds des escarpins à talons très fins et à bouts pointus qui me blessent un peu. Il faut aussi que j'évite les crottes de chèvre parce que, avant que nous ne fassions de cette ruine un studio de photographie, un troupeau en a fait son pacage. À plusieurs reprises, j'escalade les murs pieds nus, puis Jacques me tend les chaussures que j'enfile le temps de quelques poses. Pour chacune, il faut trouver le compromis entre les positions précises demandées par Jacques, au centimètre près de dégagement du pubis et d'écartement des cuisses, ou d'adhérence du corsage transparent, et le moindre endolorissement de mes pieds en équilibre, de mes fesses posées à proximité de touffes épineuses. Alors que mon regard parcourt les 360° du panorama, mon corps est réduit à une marge de manœuvres extrêmement étroite. Une fois placée, je n'obéis plus à mon instructeur qu'avec des gestes hésitants. À mon tour, je lui demande, avant que ne s'épuise le stock de pellicules, de prendre quelques dernières photos de moi marchant nue au milieu du large chemin qui redescend en pente douce vers la voiture laissée au milieu du plateau. J'ai besoin, après la contrainte, d'avancer dans l'air chaud comme un animal de savane.

La portière ouverte du 4 × 4 va servir d'inutile paravent ; nous avons bien vu qu'il n'y avait pas de voiture à proximité de la seule maison habitée sur le plateau, que ses habitants devaient donc être absents. Est-ce à cause des deux heures passées à portée des mille infimes agressions de la nature, ou bien plutôt du soupçon qui m'habite que Jacques aurait récemment saisi d'autres culs que le mien derrière ce même écran de tôle ? Mon sexe n'est pas prêt. Dans ces cas-là, d'une main preste, j'en décolle les lèvres en les mouillant d'un petit crachat subrepticement recueilli sur le bout des doigts. Il y aura encore un peu de résistance, mais à peine le gland aura-t-il forcé l'entrée, la mécanique sécrétoire se mettra en marche et la queue tout entière ne sera pas longue à prendre place dans un con parfaitement humide. Je crois bien avoir d'abord avancé une jambe pour l'appuyer sur le marchepied, peut-être pour mieux écarter la vulve, mais décidément, si je dois tourner le dos à mon partenaire, je n'aime rien tant que

115

de lancer par à-coups mon cul vers lui. Je dois pour cela avoir la taille souple et il vaut mieux alors que les pieds soient joints. Plus je projette ce cul en arrière, plus je lui accorde fantasmatiquement l'autonomie qu'on attribue à sa tête parce que celle-ci est le siège de la pensée qui vit sa vie, affranchie du reste du corps ; et mon cul est alors le pendant de ma tête. Précisément, pendant que j'allais chercher le sexe de Jacques comme s'il s'agissait de l'atteler à moi, avec le corps attenant et tout l'alentour, j'ai vu mon visage dans le rétroviseur. Quand je me vois pendant l'acte, je vois des traits dépourvus d'expression. Il doit bien y avoir des moments où comme tout le monde je grimace, mais lorsque au hasard d'une vitre ou d'un miroir je rencontre mon reflet, j'ai l'air d'autre chose que ce que je crois être dans cet instant : mon regard est vague, entrant en lui-même ainsi qu'il le ferait dans un espace sans bord, mais confiant, y cherchant, mais sans insistance, quelque repère.

La pratique de la baise à ciel ouvert s'est ancrée dans l'organisation de notre vie, à Jacques et à moi, dès l'origine de notre relation. Les visites à sa grand-mère, dans une petite ville de la Beauce indifférenciée, comptaient l'étape obligatoire en bord de route. Il rangeait la 2 CV sur le bas-côté, on passait une haie, on découvrait le champ qui s'élevait très lentement jusqu'à l'horizon, on s'enfouissait dans l'herbe. Il fallait drôlement gigoter pour se débarrasser du jean étroit. J'étalais mon blouson sous ma tête par crainte des bestioles, celui de Jacques servait à me protéger les reins. N'ayant pas eu d'adolescence campagnarde, je profitais avec naïveté de ces étreintes précipitées de deux moitiés de corps seulement ; tout à coup mes jambes et mes fesses n'étaient pas à la même température que le haut de mon corps resté cou-

116

vert, et Jacques devait se débrouiller, les cuisses entra-
vées par le slip et la ceinture du pantalon. Il y a une joie
enfantine à faire jouir ainsi les parties dénudées comme
si celles qui sont calfeutrées leur servaient d'alibis.

Le paysage méditerranéen dans lequel nous habitons
désormais quelques semaines par an est très accidenté,
mais ses vignes basses et sa garrigue n'offrent guère
de cachette et encore moins de couche naturelle. Il n'y a
pas d'herbe et, faute d'arbre, j'ai dû souvent me cram-
ponner à la portière sans vitre d'une épave de voiture ou
au montant de l'ouverture d'une capitelle, l'arrière-train
d'autant plus tendu vers l'extérieur que mes yeux et
mon nez devaient supporter la pourriture qu'elles ren-
fermaient.

Nous avons beaucoup emprunté un chemin qui montait jusqu'à des vignes neuves plantées dans du rocher
blanc concassé, chemin d'ailleurs maintenant en partie
effacé depuis que nous l'avons délaissé. Ce chemin,
nous y avons déterminé au fil du temps quelques empla-
cements favoris. À mi-hauteur, juste avant de devenir
plus raide, il s'élargissait en une plate-forme dont le
sable, sur tout un côté, s'écartait pour dégager un groupe
de rochers bombés ; on aurait pu s'amuser à y voir des
dos d'hippopotames crevant une rivière boueuse qui
aurait par ailleurs charrié des bidons cabossés et quelques
palettes cassées. Là, j'ai pu m'allonger sur la surface
lisse des rochers, Jacques, en appui sur ses bras, comme
un auvent au-dessus de moi, m'envoyant quelques
coups secs de son membre. Mais il ne lui était pas facile
ainsi d'aller suffisamment à fond. La solution était que
je me retourne et que je me mette à quatre pattes, que je
fasse la petite louve romaine sur son socle, recevant
l'offrande très spéciale de son prêtre attitré.

Plus haut, le chemin formait un coude. D'un côté, il donnait sur un fossé servant de décharge dont nous constations, à chacun de nos passages, que le contenu se renouvelait mystérieusement : carcasse de machine agricole, tête de cyclope de machine à laver, etc. De l'autre côté, il était bordé sur plusieurs mètres par une roche claire, coupée à vif comme un mur. En dépit de l'intense réverbération, ce fut une de nos stations d'élection, parce que là aussi la roche lisse ménageait mes paumes et, pourquoi pas, parce que nous avions inconsciemment besoin de sentir nos corps se dégager, sur le fond de cet écran, du fouillis environnant. Comme il n'y avait pas de feuillage pour servir d'essuie-sexes, et que nous ne pensions pas toujours à nous munir de mouchoirs, je restais quelques instants tournée vers mon rocher, les jambes écartées, regardant le foutre retomber de ma chatte sur le sol en une bave paresseuse, de la même couleur blanchâtre que les cailloux. Plus haut encore, au sommet du plateau, le chemin prenait fin dans un bosquet où des résidus de pique-niques se mêlaient parfois aux touffes sèches, et qui aurait peut-être offert plus de fraîcheur. Mais nous n'y avons fait halte que rarement. Il fallait l'atteindre et, quand nous y parvenions, l'affaire souvent était faite. Jacques n'avait pas résisté au mouvement d'onde des fesses devant lui, sous le short ou la jupe, qui est la seconde respiration du corps et qui rythme la marche, tandis que moi, absorbée pendant l'escalade dans la pensée de son regard sur moi, j'avais eu tout le temps de préparer un sexe dont je ne peux comparer l'ouverture qu'à celle d'un oisillon, le bec infatigablement béant.

Donc, pour une raison indiscernable, la « culture de couple » dont je parle dévide ses histoires dans des décors principalement bucoliques. Il est vrai qu'on baise dans les chemins creux avec moins de risques que sous les porches d'immeuble. Il n'empêche que Jacques avec d'autres, moi avec d'autres, avons aussi pratiqué des lieux urbains. Mais les couloirs du métro (où un employé profite de la foule pour effleurer imperceptiblement mes fesses, tacite invitation à le rejoindre dans un cagibi encombré de seaux et de balais), les cafés de banlieue (où des hommes mornes se repassent ma personne, sur une banquette de l'arrière-salle), je ne les ai fréquentés, en compagnie de Jacques, que par l'imagination. Et encore était-ce moi qui l'y entraînais. L'habitude m'a passé, mais il fut un temps où j'aimais bien tapisser les murs de notre chambre avec ces fantasmagories, égrenant lentement les situations et positions auxquelles je me prêtais, sur un ton plutôt interrogatif, parce que j'attendais l'acquiescement de Jacques, accordé d'une voix neutre et avec la spontanéité indifférente de celui qui s'affaire à autre chose – mais sans doute n'était-ce de sa part qu'une indifférence feinte –, sa verge me limant pendant ce temps doucement et longuement. De ces notations, je tire deux conclusions.

La première est qu'au sein d'un couple chacun apporte ses désirs et ses fantasmes propres, que ceux-ci se combinent en des habitudes communes, et que, ce faisant, ils se modulent, s'ajustent les uns aux autres et, selon le degré de concrétisation attendu par chacun, traversent sans perdre de leur intensité la frontière entre le rêve et la réalité. Mon obsession du nombre a trouvé à se réaliser dans la pratique d'une sexualité de groupe avec Claude, avec Éric, parce que c'est ainsi que leurs propres désirs ont pris avec les miens. Tandis que je n'ai ressenti aucune frustration de n'avoir jamais partouzé en compagnie de Jacques (même lorsqu'il me rapporta l'avoir fait sans moi) ; ce n'était pas là, il faut croire, que s'inscrivait le partage de notre sexualité. Il suffisait que je lui raconte mes aventures et que je devine qu'elles trouvaient un écho dans sa vie fantasmatique, comme il suffisait que lui-même trouve en moi une complice docile pour ses reportages photographiques à travers les campagnes plus ou moins polluées et une exhibition-niste satisfaite de s'exposer devant son objectif – même si mon narcissisme eût préféré des environnements plus flatteurs et des portraits plus idéalisés…

La seconde conclusion est que l'espace naturel ne sert pas les mêmes fantasmes que l'espace urbain. Parce que celui-ci est par définition l'espace social, il est le terrain où s'expriment le désir de transgresser les codes et les pulsions exhibitionnistes/voyeuristes ; il suppose des présences, des regards inconnus et fortuits qui pourront pénétrer dans l'aura d'intimité qui émane d'un corps en partie dénudé ou de deux corps soudés. Les mêmes sous les nuées, avec Dieu seul pour témoin, cherchent une sensation presque inverse ; non pour faire entrer le monde dans la poche d'air où se mêlent leurs respirations rapides, mais, de par leur solitude édénique, s'épanouir à travers toute l'étendue visible. L'illusion, là, est que leur jouissance est à l'échelle de cette étendue, que leur habitacle corporel se dilate à l'infini. Peut-être que le basculement dans cet anéantissement qu'on appelle la petite mort est-il plus sensible lorsque les corps sont en contact avec la terre grouillante de vie invisible où tout s'ensevelit. Certes, la plupart de mes fantasmes mastur-batoires se déroulent dans un cadre urbain (outre ceux déjà évoqués, celui-ci, souvent convoqué : un homme dans un métro bondé presse sa braguette sur mes fesses et réussit à me retrousser pour me loger sa queue ; la manœuvre n'échappe pas à d'autres qui se coulent à travers la foule pour venir le remplacer ; le wagon se divise alors entre jouisseurs et offusqués qui se disputent… : allez trouver fantasme plus parisien !), et j'ai su m'adapter aux bas-côtés des grandes artères ou aux parkings de la capitale. Toutefois, au bout du compte, je crois avoir une préférence pour la vastitude. Or, la ville, la nuit, en procure l'illusion. Au début de notre vie commune, lorsque nous rentrions tard, Claude et moi, dans notre petit appartement de banlieue, il m'arrivait de marcher devant lui et de remonter sans prévenir ma jupe au-dessus du globe nu, non pour l'inviter à me baiser là (je ne crois pas que nous l'ayons jamais fait), ni pour choquer un hypothétique passant, mais pour aspirer la rue, en accrocher la traîne fraîche à ma raie frémissante. En fait, je me demande si les hommes des bosquets et des parkings, de par leur nombre et leur statut d'ombres, ne sont pas faits de la même étoffe que l'espace, si je ne suis pas allée me frotter à des morceaux du tissu de l'air dont la trame est seulement, là, plus serrée. Plus spécifiquement : je n'ai pas mon pareil pour retrouver mon chemin sur des routes étrangères. Peut-être l'aptitude à passer, dans un groupe, d'un homme à un autre, ou à naviguer, comme ce fut le cas pendant certaines périodes de ma vie, entre plusieurs relations amoureuses, appartient-elle à la même famille de prédispositions psychologiques que le sens de l'orientation.

Des villes et des hommes

Pendant toutes les premières années de ma vie d'adulte, mes expériences sexuelles sont indissociables du besoin de prendre l'air. Il en fournit même l'origine. C'est lors de ma première fugue que je perdis ma virginité. Je m'étais disputée une fois de plus avec mes parents. Claude, que je ne connaissais pas encore, a sonné à la porte de l'appartement pour me prévenir qu'un ami avec qui j'avais rendez-vous était retenu. Il m'a proposé de sortir avec lui. En fait, sa 4 L a roulé jusqu'à Dieppe. Nous avons dressé la tente au bord de la plage.

Quelque temps après, je suis tombée amoureuse d'un étudiant berlinois. Je ne faisais pas l'amour avec lui (c'était un jeune homme prudent et je n'exprimais pas de demande), mais la charpente de son long corps étendu contre le mien, ses grandes mains blanches me faisaient me pâmer. Je souhaitais venir habiter Berlin-Ouest. Le large Kudam montant jusqu'à la cathédrale bleue miroitante, les parcs de cette ville pourtant enclavée me faisaient rêver. Et puis l'étudiant m'a écrit qu'il n'était pas raisonnable que nous nous engagions si jeunes. Nouvelle fuite, à nouveau avec Claude, que je continue de fréquenter, et sa 4 L. Destination Berlin, pour parler avec celui qui veut rompre. Tentative nigaude de passer clandestinement la frontière entre l'Allemagne de l'Ouest et l'Allemagne de l'Est, parce que je n'ai pas les papiers exigés. Alors l'étudiant vient jusqu'à la frontière pour l'explication, et ma première histoire sentimentale s'achève dans une cafétéria, sur un immense parking creusé au milieu d'une forêt, des files de gens et des files de voitures attendant devant des guérites en planches.

J'ai malheureusement gardé pendant des années cette propension à m'échapper sans prévenir, ce qui n'était correct ni vis-à-vis de celui avec qui je vivais en couple, ni vis-à-vis de ceux qui m'avaient emmenée, ou que j'étais allée rejoindre, et que je laissais pour rentrer à la maison. Il y avait dans cette bougeotte une part de cette attention affolée de jeune chat que nous portions, Claude, Henri, quelques autres et moi, au Nouveau Monde du sexe, et qui de temps à autre nous poussait à nous éloigner en solitaire de la fratrie. La loi tacite eût voulu qu'au retour l'éclaireur racontât son aventure. Ce qui bien sûr n'était pas toujours le cas, d'où l'émulsion d'huile et d'eau que constituaient nos désirs éparpillés d'une part et notre esprit libertaire de l'autre. Partir deux jours au loin en compagnie d'un homme que je connaissais à peine, ou bien, comme ce fut le cas pendant plusieurs années, entretenir une relation suivie avec un collègue qui habitait Milan valait autant pour le voyage et le dépaysement que pour la promesse d'être couchée, touchée et emmanchée selon des façons auxquelles je n'étais pas habituée. Si cela avait été possible, j'aurais aimé chaque matin ouvrir les yeux sur les ombres d'un plafond encore inexploré et, au sortir des draps, rester quelques secondes vacillante dans le *no man's land* d'un appartement dont on a oublié depuis la veille dans quelle direction se trouve le couloir menant aux toilettes. Dans cet instant, seul l'autre corps qu'on laisse étendu derrière soi, ne le connaît-on que depuis quelques heures, mais qui vous a nourri tout ce temps de sa consistance et de son odeur, vous procure l'ineffable bien-être du contact familier. Combien de fois n'ai-je pas pensé, lorsque je fabulais mollement à propos de la vie des prostituées de luxe, que c'était là un

123

des avantages de leur métier. Quant au voyage proprement dit, au laps de temps qu'on habite quand on n'occupe plus un lieu et pas encore un autre, il peut être la source d'un plaisir qui se mesure sur la même échelle que le plaisir érotique. Dans le taxi où brusquement retombe toute l'agitation qui précède le départ, ou bien dans la semi-inconscience où l'on sombre pendant une attente dans un aéroport, il m'arrive d'éprouver cette sensation parfaitement identifiée d'une main de géant qui, de l'intérieur de mon corps, en presse les entrailles et en extrait une volupté qui irrigue jusqu'aux plus fines terminaisons, exactement comme lorsqu'un homme pose sur moi un regard qui signifie qu'il se rapproche mentalement.

Malgré cela, je n'ai jamais mis à profit les voyages fréquents et lointains qu'occasionne mon travail pour multiplier les amants. J'ai infiniment moins baisé quand je disposais d'un emploi du temps plus flexible qu'à Paris et que j'aurais pu profiter de l'insouciance des relations sans lendemain. J'ai beau me creuser la tête, je ne compte pas plus de deux hommes rencontrés au cours d'un voyage et avec lesquels j'ai eu un rapport sexuel compris dans le temps de ce voyage. Et quand je parle d'un rapport, il s'agit bien d'un seul, entre le petit déjeuner et le premier rendez-vous de la journée avec l'un, pendant ce qu'il restait de la nuit avec l'autre.

Il y a deux explications. D'abord, au tout début de ma vie professionnelle, une consœur plus expérimentée m'avait laissée entendre que les colloques, séminaires et autres réunions en vase clos de personnes provisoirement coupées de leurs attaches étaient des aubaines pour les allées et venues furtives dans les couloirs d'hôtel. Je fréquentais des lieux de rendez-vous sexuels autrement spécialisés et à bien plus forte concentration ; néanmoins, cela m'avait choquée au même titre que les vêtements informes dont s'affublent, pour marquer qu'ils sont en vacances, des gens par ailleurs soignés de leur personne. Avec une intransigeance de jeune recrue, je considérais que baiser – c'est-à-dire baiser fréquemment, dans une bonne disponibilité psychologique, quel(s) que soi(en)t le ou les partenaires – était un mode de vie. Sinon, si la chose n'était permise que dans certaines conditions, pendant des périodes déterminées, alors c'était carnaval ! (J'ouvre une parenthèse pour relativiser ce jugement sévère. La preuve n'est plus à faire que nos tendances sexuelles peuvent se retourner à la façon d'un vieux parapluie et que l'armature qui nous protège tant que le vent souffle dans le sens du réel se rabat en sens contraire et nous laisse trempés dans la bourrasque des fantasmes. Une fois de plus dans ce livre, je rapprocherai faits et fantasmes, ici pour mettre en évidence une plaisante antinomie : en dépit de la morale que je viens d'exprimer, je me suis beaucoup excitée en m'imaginant être le sac à foutre d'une bande de congressistes énervés qui me fourraient en cachette les uns des autres, dans le recoin d'un bar d'hôtel, voire dans une cabine téléphonique, le combiné dans une main, poursuivant la conversation de principe avec leur épouse : « Oui, chérie, ça se passe très bien, il n'y a que la nourriture qui... » Etc. C'est là un de mes scénarios les plus sûrs pour m'amener à jouir d'un état d'avilissement maximum.)

Mais donc, dans l'ordre de la réalité, les aventures exotiques de la spéléologue des parkings parisiens tiennent en deux paragraphes. L'assistant, qui m'avait emphatiquement attirée contre lui au beau milieu d'un hall d'hôtel, est effectivement venu me réveiller le lendemain matin. Raisonnable, il m'avait laissée me reposer de nos déplacements répétés – c'était à travers le Canada – les jours précédents. Il poussait calmement son bassin. Je laissais faire sans trop de conviction mais je l'encourageais presque comme l'aurait fait une professionnelle, choisissant simplement mon vocabulaire dans le répertoire amoureux plutôt qu'obscène. Après, sans affectation, il dit qu'il pensait à ça depuis plusieurs jours mais qu'il avait attendu la fin de notre séjour pour ne pas perturber notre travail. Nous avons eu d'autres occasions de travailler ensemble. Plus jamais il n'eut un geste d'invite sexuelle, moi non plus. C'était la première fois qu'une relation sexuelle nouée avec quelqu'un que j'étais amenée à revoir ne se prolongeait pas, qu'elle n'imprégnait pas naturellement le terreau des relations amicales et professionnelles. Il faut dire que j'étais à cette époque de ma vie où je m'essayais plus ou moins bien, sinon à être fidèle, du moins à me réfréner. Je pensais que tels étaient peut-être les écarts véniels des gens qui n'étaient pas des libertins. C'est la seule fois de ma vie où j'ai vaguement regretté un acte sexuel.

Une histoire brésilienne a déposé en moi un sentiment plus complexe. Je venais de débarquer pour la première fois à Rio de Janeiro et, de toute la liste de numéros de téléphone qu'on m'avait donnés, celui de cet artiste fut le seul où l'on me répondit. Le hasard voulut qu'il connaissait très bien un morceau d'histoire de la culture française qui était un peu le mien et nous avons bavardé tard sur une terrasse morne d'Ipanema. Plusieurs années ont passé, il est venu à Paris, je suis retournée une ou deux fois au Brésil. À São Paulo, à la sortie d'une fête donnée à l'occasion de la Biennale, nous avons pris le

même taxi. Il a donné l'adresse de mon hôtel. Sans quitter des yeux la nuque du chauffeur, j'ai tapoté sa cuisse.
Il a donné l'adresse de son hôtel. Le lit était placé près
d'une baie vitrée et des enseignes y jetaient des découpes
jaunes à la Hopper. Il ne me couvrait pas, il semait sur
mon corps des morceaux du sien, s'assurant de ma présence avec ses mains, ses lèvres et son sexe, aussi bien
qu'avec son front, son menton, ses épaules, ses jambes.
Je me sentais bien, alors que j'avais sombré au fond
d'une migraine qui l'affola. Je l'entendais murmurer à
propos du temps, de tout ce temps. Avec lui non plus,
il n'y eut pas de seconde fois. Plus tard, dans un autre
taxi, parisien celui-ci, tout en le regardant plus que je ne
l'écoutais prononcer des paroles attentionnées, je fus
prise par une joie intense : je pensais à la distance géo-
graphique entre nous, aux longs intervalles de temps
qui séparaient nos rencontres néanmoins régulières –
il m'arriva, de passage à Rio, de me contenter de lui
passer un coup de fil –, je pensais à cette fois unique
où l'espace et le temps s'étaient agglutinés, et le tout
formait une parfaite architecture.

L'autre explication à la ténuité de mes carnets de
voyages se rapporte à des questions que j'ai abordées
dans le premier chapitre. J'aimais la découverte – à
condition d'avoir un guide. Cela m'allait bien qu'un
homme me soit présenté par un autre homme. Je m'en
remettais aux relations des uns et des autres plutôt que
d'avoir à m'interroger sur mes désirs et les moyens de
les assouvir. D'ailleurs, avoir des relations sexuelles et
éprouver du désir étaient presque deux activités sépa-
rées ; j'ai pu désirer très fortement des hommes avec qui
rien ne s'accomplit jamais et sans que j'en ressente la
moindre frustration. J'étais une rêvasseuse, douée pour

la fabulation ; une très grande partie de ma vie érotique passait par là, aiguisée par la friction de la vulve prise entre le pouce et l'index. Copuler vraiment répondait à une nécessité plus large : se frayer une voie sans aspérité dans le monde. Comme j'ai eu l'occasion de le mettre en évidence, j'évoluais dans le confort d'une sorte de complicité familiale. Ce qui ne se trouve pas quand vous débarquez pour la première fois (et sans recommandation spéciale) dans une ville lointaine.

Pour bien des hommes, c'est leur maison souvent que je me rappelle avant tout autre chose. Cela n'autorise pas à méjuger des autres souvenirs qu'ils m'ont laissés, c'est plutôt que ceux-ci ne sont pas dissociables de leur cadre et que c'est à partir d'une reconstruction spontanée de ce dernier que me reviennent un moment d'amitié amoureuse ou des détails de la disposition des corps. Le lecteur a peut-être pu s'en rendre compte : je campe vite le décor. Là où ma fente intime a livré passage, j'ai ouvert grands les yeux. Lorsque j'étais très jeune, j'ai appris de cette façon, entre autres, à me repérer dans Paris. Un ami architecte qui me recevait dans son pied-à-terre parisien situé au dernier étage d'un immeuble neuf, suffisamment haut pour que, du lit, la vue plonge dans le ciel, me fit remarquer que de chez moi, rive droite, rue Saint-Martin, à chez lui, rive gauche, en haut de la rue Saint-Jacques, il n'y avait qu'à suivre une ligne droite. J'ai commencé à aimer les Invalides en accompagnant mon copain dentiste chez une de ses amies. Elle avait été une chanteuse de variétés à succès dans les années cinquante et avait conservé le charme fade et guindé des pochettes de disque de cette époque. Elle se laissait faire tièdement et je me distrayais en jouant pour moi-même les esthètes, méprisant les guéridons encombrés d'une collection de tortues de toutes tailles, en pierre ou en porcelaine, et allant chercher à travers les fenêtres les proportions sublimes des bâtiments de l'esplanade. Chaque habitation induit une circulation spécifique du regard. Chez Éric, le lit était le centre de dispatching d'un kaléidoscope d'objectifs de caméra, d'écrans et de miroirs ; chez Bruno, sur le modèle de l'atelier de Mondrian, un vase avec des fleurs était le seul point de focalisation d'un espace où les montants de porte, les poutres, le bâti des placards et les meubles semblaient d'un seul tenant et tous homothétiques, comme si le même volume répété avait servi diverses fonctions, que la grande table, par exemple, avait été la réplique surélevée du lit.

Je porte en moi la douce nostalgie de grands appartements situés dans de grandes villes italiennes. Quand a débuté ma collaboration avec Enzo, il habitait Rome, à ce qu'il me semble un quartier périphérique, dans un de ces immeubles de couleur ocre et que séparent des zones incertaines. Comparant ce quartier à la banlieue où j'avais passé mon enfance, j'étais étonnée qu'il y ait tant d'espaces en friche. Une sorte d'urbanisme féodal devait imposer que chaque façade projette le soir son ombre entière sur le sol. À l'intérieur, les dimensions des pièces étaient bien plus grandes que celles des appartements dans des immeubles de catégorie comparable en France. La voix résonnait dans la salle de bains, et le carrelage qui couvrait tout le sol de l'appartement, par sa netteté, faisait paraître l'espace encore plus facile à appréhender, comme si quelqu'un eût juste fini de le lessiver en l'honneur de votre visite. Au bout d'un an ou deux, Enzo s'est installé à Milan. Les immeubles étaient plus anciens, les appartements encore plus spacieux, les plafonds plus hauts. Il n'y avait pas plus de mobilier. Comme il était agréable de déambuler sans rien sur soi, aussi neuve que la peinture claire sur les murs, aussi proche de sa propre essence que la chambre occupée seulement d'un lit et d'une valise ouverte ! Ôter le pull, faire glisser la jupe provoquaient un appel d'air qui m'avivait le corps.

Sur le seuil

On comprendra que j'aie à ce point associé l'amour physique à une conquête de l'espace quand on saura que je suis née dans une famille qui logeait à cinq dans un appartement de trois pièces. La première fois que j'ai fui cet endroit, j'ai donc baisé pour la première fois. Je n'étais pas partie pour ça, mais c'est ainsi que les choses se sont passées. Ceux qui ont été élevés dans des familles plus aisées, où chacun dispose d'une chambre pour soi, où l'intimité du moins est respectée, ou encore ceux qui ont pu suivre le chemin des écoliers à la campagne n'ont peut-être pas la même expérience. La découverte de leur corps n'a pas été aussi tributaire de la nécessité d'élargir l'espace où le corps se déplace. Tandis que moi, il m'a fallu parcourir des distances géographiques pour accéder à des parties de moi-même. J'ai fait Paris-Dieppe en 4 L et dormi face à la mer pour apprendre que je possédais quelque part, dans une région que je ne pouvais pas voir et que je n'avais pas encore imaginée, une ouverture, une cavité si souple et si profonde que le prolongement de chair qui faisait qu'un garçon était un garçon, et que je n'en étais pas un, pouvait y trouver place.

L'expression est tombée en désuétude, mais on disait auparavant d'un jeune garçon ou d'une jeune fille, dont on pensait qu'il ou elle ignorait le processus selon lequel se continue l'espèce humaine, et par conséquent comment s'emmêlent l'amour et la satisfaction des sens, qu'il ou elle était « innocent », « innocente ». Je suis restée quasiment « innocente » jusqu'à faire l'expérience directe du premier acte de ce processus. J'avais douze ans lorsque mes premières règles sont venues. Ma mère et ma grand-mère se sont agitées, ont convoqué le médecin, mon père a passé la tête par la porte et m'a demandé en riant si je saignais du nez. Voilà pour l'éducation sexuelle. Ce sang, je ne savais pas trop d'où il venait et je ne savais pas faire la distinction entre la voie par laquelle s'écoulait l'urine et celle par où venaient les règles. Un jour, le médecin m'expliqua avec tact que je devais me laver un peu plus profondément que je ne le faisais avec le gant de toilette, sinon, dit-il en reniflant le doigt caoutchouté qui m'avait examinée, « cela ne sent pas très bon ». J'ai fini par soupçonner quelque chose à l'occasion d'un scandale provoqué par un concert de musique rock. Ma mère et ses amies avaient commenté l'événement devant moi. Le concert avait provoqué des violences, la police était intervenue. « Il paraîtrait même que des filles déchaînées se sont emparées des bâtons de flic pour se les mettre ! » Se les mettre où ? Pourquoi précisément les bâtons ? Ces questions m'ont travaillée un long moment.

J'étais adolescente mais restée dans l'ignorance qui était celle de mon onanisme infantile. Toute petite fille, j'avais compris que certains jeux me procuraient une sensation exquise, comparable à aucune autre. Je jouais à la poupée selon une modalité précise. Je ramassais l'entrejambe de ma culotte en une bande de tissu épaisse que je coinçais dans le sillon entre les cuisses et jusque entre les fesses, et je m'asseyais de façon que le tissu rentre un peu dans la chair. Ainsi calée, je prenais la minuscule main concave d'un baigneur en celluloïd et je la promenais sur une poupée Barbie déshabillée. Plus tard, je remplaçai l'action de la culotte comprimée par la friction des deux renflements à l'avant du sillon. Je ne jouais plus à la poupée, je me représentais moi dans une situation analogue à celle de la poupée Barbie et j'avais droit au même régime de caresses. Peut-être parce que cette activité m'apportait tellement de satisfaction, je ne cherchais pas à en savoir davantage sur la manière d'être ensemble d'un homme et d'une femme. Or, voici où je voulais en venir : tandis que, dans ma cervelle, les mains de plusieurs garçons parcouraient tout mon corps, ce corps, dans la réalité, se tenait recroquevillé, presque paralysé, si ce n'était le mouvement de va-et-vient d'à peine quelques millimètres de ma main coincée dans l'aine. Depuis plusieurs années, ma mère ne dormait plus avec mon père. Celui-ci avait gardé leur ancienne chambre commune et elle était venue dans la seconde chambre partager avec moi un grand lit, mon frère occupant un petit lit à côté. Même lorsqu'on ne vous a rien dit, vous savez d'instinct quelles activités doivent être cachées. À quelle dextérité paradoxale n'ai-je pas dû m'entraîner pour réussir à me donner du plaisir dans une quasi-immobilité, presque en apnée, afin que le corps de ma mère, qui me touchait lorsqu'elle se retournait, ne ressente pas que je vibrais ! L'obligation de m'exciter plus avec des images mentales qu'avec de franches caresses a peut-être permis que je développe mon imagination. Malgré tout, ça n'a pas manqué : il est arrivé que ma mère me secoue en me traitant de petite vicieuse. Lorsque j'ai accompagné Claude jusqu'à Dieppe, je ne couchais plus dans le même lit que ma mère, mais j'avais gardé – j'ai gardé long-temps – l'habitude de me masturber, le corps en chien de fusil. Finalement, je pourrais dire que, lorsque j'ai ouvert mon corps, j'ai appris, avant tout, à le déplier.

L'espace s'ouvre rarement d'un coup. Même au théâtre, lorsqu'il y a encore un lever de rideau, celui-ci est parfois laborieux, le lourd tissu se soulève lentement ou bien, la scène à demi dévoilée, le mécanisme grippe, une résistance occulte diffère de quelques secondes l'entrée du spectateur dans l'action à laquelle il va men-talement participer. Il est bien connu que nous accor-dons une valeur particulière aux moments et aux lieux de transition. La volupté que j'éprouve dans les salles d'attente d'aéroport est peut-être l'écho lointain de cet acte d'émancipation de moi-même que j'accomplis en acceptant l'invitation de Claude à le suivre, et en pas-sant la porte sans savoir ce qui m'attendait au bout du voyage. Mais l'espace n'est jamais qu'une incommen-surable baudruche percée. Agrandissez-le brutalement, il peut bien vous jouer le tour de se rétracter aussi sec.

Je devais avoir treize ou quatorze ans quand j'eus droit à une « scène primitive » tardive. En m'avançant dans le couloir, j'aperçus sur le seuil de la porte d'entrée ma mère et l'ami qu'elle recevait à la maison lorsque mon père était absent. Ils échangeaient un petit baiser de rien, mais elle avait les paupières baissées et les reins cambrés. Je l'ai mal pris. Elle a mal pris que je le prenne mal. Trois ou quatre ans plus tard, j'ai vu Claude pour la première fois dans le même encadre-ment de porte. Nous étions au mois de juin. Arrivés tard à Dieppe, nous avons trouvé une place sur un terrain de camping. On n'y voyait pas grand-chose pour monter la tente. À cette époque-là, il était courant que les étudiants prennent des amphétamines qui maintenaient éveillé et permettaient de travailler la nuit, les veilles d'examen. Claude avait dû en prendre pour ne pas sentir la fatigue en conduisant et m'en a proposé un comprimé. Sous la tente, nous n'avons pas dormi. Quand il m'a demandé à voix basse s'il pouvait me pénétrer, je tremblais. Je ne saurais pas trop dire si c'était à cause de ce qui était en train d'arriver ou de ce que j'avais absorbé. De toute façon, j'étais dans la plus totale incertitude concernant mon état. Quelques mois auparavant, j'avais eu un flirt un peu poussé. Le garçon avait mis son sexe sur mon ventre nu ; il avait joui là. Le lendemain, j'avais eu mes règles. Mes connaissances en physiologie étaient si confuses que j'ai pensé qu'il s'agissait peut-être du sang de la défloration. D'autant qu'ensuite j'avais attendu très longtemps de nouvelles règles (le cycle des très jeunes filles est souvent irrégulier et perturbé par des chocs émotionnels) et cru que j'étais enceinte ! J'ai dit à Claude que « oui », s'il me posait à nouveau la question en m'appelant par mon prénom. Il ne devait pas s'attendre à une telle condition et il a volontiers répété plusieurs fois : « Catherine. » Quand il s'est retiré, j'ai à peine vu une fine trace brune en haut de ma cuisse.

Le lendemain, nous ne sommes pratiquement pas sortis de dessous la tente où il y avait juste la place de nos deux corps. Nous nous couvrions l'un l'autre et nous nous retournions, séparés des gens qui se trouvaient à côté, au-dessus, seulement par la toile à travers laquelle filtrait une lumière couleur sable. Dans une tente voisine, il y avait une famille. J'ai entendu la femme qui deman-

dait sur un ton agacé : « Mais qu'est-ce qu'ils fabriquent
là-dedans ? Ils ne sortent jamais ? » Et l'homme, paisible,
a répondu : « Laisse ! Ils sont fatigués. Ils se reposent. »
Nous nous sommes quand même extraits de notre repaire
pour manger quelque chose à une petite terrasse. J'étais
un peu dans les vapes. En retournant vers la tente, j'ai
remarqué que la plage et le terrain de camping situé en
retrait étaient entièrement barrés par une falaise perpendiculaire à la mer.

Je ne sais plus exactement comment mes parents
m'ont récupérée, mais ce ne fut ni sans drame ni pour
longtemps. Quelques semaines plus tard, il y eut l'épisode dans le jardin près de Lyon, raconté au début de
ce livre. Quelques semaines encore, et je suis allée
vivre avec Claude. L'échappée vers Dieppe m'avait fait
« devenir une femme » et j'avais conquis le droit affé-
rent d'aller et venir à ma guise. Néanmoins, considérés
avec le recul, les ébats sous la tente ressemblent à un
jeu d'enfants. Ils me rappellent comment je me dérobais
à la vue des adultes en rabattant le drap par-dessus ma
tête et en créant l'espace étriqué mais vital d'une petite
maison à moi. S'adonner à une activité interdite dans
un lieu régi par la loi commune, mal protégé par un
écran trop mince ou imparfait, par un feuillage, voire
par une haie humaine complice, relève, en partie du
moins, d'un même ludisme. C'est un mécanisme de
transgression tout à fait élémentaire qui, paradoxalement, appartient moins à l'extraversion qu'à l'introver-
sion ; on ne s'exhibe pas, on se replie sur son plaisir
intime en feignant d'ignorer qu'il puisse accidentelle-
ment faire irruption devant des spectateurs qui n'y sont
pas préparés ou qui pourraient même l'empêcher.

3. L'espace replié

Diverses niches

L'exploration des chasses gardées de la périphérie parisienne ne me procurait pas seulement l'euphorie des grands espaces, elle se retournait en celle, corollaire, du jeu de cache-cache. Dans une rue assez dégagée, à deux pas de l'ambassade d'URSS, j'ai ainsi trouvé refuge à l'arrière d'une camionnette de la Ville de Paris, de toute évidence parce qu'il se trouvait dans le groupe un employé municipal. Les hommes entraient à tour de rôle. J'étais accroupie pour les sucer ou couchée et repliée sur le côté, essayant de présenter au mieux mon cul pour faciliter leur prise. Rien n'était prévu à l'arrière pour adoucir le contact avec la tôle ondulée et je souffrais assez des secousses. Mais j'aurais pu restée tapie là toute la nuit, moins ankylosée à cause de la position pénible qu'engourdie par l'atmosphère de l'improbable niche où j'étais lovée et où je sombrais, comme il semble qu'on le fasse dans certains rêves opaques, en se regardant s'enfoncer. Je n'avais pas à changer de place : à intervalles réguliers la porte arrière se soulevait, l'homme sautait dehors, une nouvelle silhouette se faufilait. Dans le petit véhicule brinquebalant, j'étais l'idole immobile qui reçoit sans ciller les hommages d'une suite de fidèles. J'étais celle que j'imaginais être dans quelques-uns de mes fantasmes, par exemple celui où je me trouvais dans une loge de concierge, le cul dépassant seul du rideau qui cache le lit, offert à une longue file d'hommes qui battent la semelle et s'apostrophent. Une 2 CV camionnette vaut bien une loge de concierge. Mais j'ai quitté mon baldaquin de tôle avant que tout le monde ne soit passé. Éric, qui faisait le guet, m'a expliqué le lendemain : d'une part, les types, très excités, commençaient à avoir un comportement imprudent ; d'autre part, la camionnette menaçait de basculer.

Les cabines de semi-remorque sont mieux adaptées, elles sont notamment munies d'une couchette. Jamais, je n'aperçois les filles qui attendent au bord de la route, leur corps fait d'un rafistolage de menus accessoires, d'un balconnet qui brille dans l'échancrure du corsage, celui-ci ne se raccordant pas à la minijupe, et de jarretelles qui s'échappent de dessous cette dernière…, sans penser au petit élan qu'elles devront prendre sur une jambe lorsqu'il leur faudra atteindre le marchepied et rejoindre le client qui aura arrêté son véhicule. J'ai connu cette impulsion à donner au corps et la brève ascension qui s'ensuit et porte ce corps jusqu'à deux costauds qui le réceptionnent plutôt avec délicatesse, habitués qu'ils sont à mesurer leurs gestes dans l'habitacle étroit. Ma chance était de ne pas avoir à annoncer de prix ni d'avoir attendu dans le froid. Je ne me mettais pas trop en frais de toilette non plus. Je n'avais sur moi qu'un manteau ou un imperméable que je laissais s'ouvrir comme un peignoir au moment de l'escalade. Il m'arriva, au creux de la couchette – c'était par hasard dans un camion d'International Art Transport, un des principaux transporteurs d'art, qui stationnait près de la porte d'Auteuil –, de recueillir des caresses élaborées. Cette fois-là, un seul des deux camionneurs s'occupa de moi, longuement, au point que je fus surprise qu'il m'embrassât sur la bouche et continuât de me caresser après avoir joui. L'autre regarda d'abord en ajustant le rétroviseur, puis il se tourna de côté, mais ne me toucha pas. On s'attarda, on parla, ce fut une relation très conviviale.

La couchette où l'on se blottit appartient par excellence à l'univers enfantin. Nous en avons partagé une, Jacques et moi, en wagon-lit de seconde classe, rentrant de Venise en période de grève, pris au piège en compagnie d'une famille nombreuse. Il avait bien fallu s'organiser. Nous nous étions portés preneurs d'une seule couchette pour deux, située tout en haut, là où il fait le plus chaud et où l'on n'accède pas sans une gesticulation périlleuse et ridicule. Les parents avaient pris les deux couchettes du bas, les enfants s'étaient répartis tant bien que mal dans les trois restantes. Nous nous sommes alors mis dans l'une de ces positions paresseuses dont l'humanité continuera longtemps de tirer la plus sûre délectation, dût-elle pour cela oublier l'encyclopédie du Kâma Sûtra, à savoir que nos deux corps étaient serrés dans un arc concave et que je réchauffais mes fesses dans le giron de Jacques. Quand toutes les veilleuses ont été éteintes, nous avons descendu les pantalons et nous avons baisé profondément. Sans un mot ni même un bref gémissement déguisé en soupir d'aise, sans autre mouvement que l'imperceptible contraction de fesses qui fait à peine basculer le bassin. Quiconque s'est trouvé contraint d'arracher son plaisir à une promiscuité non voulue (dortoir de pensionnat, logis familial exigu…)

141

sait de quoi je parle : si le plaisir est atteint, c'est qu'il a absorbé en lui le silence absolu et la quasi-tétanisation des corps qui en étaient les conditions, et que celles-ci le rendent d'autant plus intense. On comprend que l'on puisse ensuite chercher à recréer plus ou moins artificiellement cette situation de promiscuité et que certains, pour cela, se choisissent les alcôves à la fois les plus insoupçonnables et les plus exposées.

Attentive aux respirations près de nous qui suspendaient leur rythme régulier quand le train marquait un cahot un peu plus brutal, j'ai eu peur sur cette couchette, moi à qui il aurait été indifférent, peut-être, de me retrousser sur le quai si la fantaisie eût pris Jacques de me le demander – j'ai eu peur que les enfants ne devinent ce que nous étions en train de faire. Par rapport à la cohabitation dans le lit avec ma mère, j'avais changé de rôle ; j'étais bien toujours celle qui se livrait à l'activité clandestine mais j'étais devenue l'adulte qui pouvait mépriser la réaction de l'enfant. En vérité, je n'avais pas oublié la pudeur qui était la mienne alors, pudeur d'autant plus intransigeante à cet âge qu'on la pense et qu'on se l'octroie précisément en tant qu'elle serait une supériorité de l'enfance sur l'âge adulte. En d'autres termes, si je ne craignais pas le jugement des adultes, je craignais celui des enfants. Je craignais de mettre sous leurs yeux non pas quelque chose qu'ils devaient ne pas connaître encore, mais quelque chose de sérieux, précieux, qui ne se divulgue pas étourdiment. Du fait que j'avais des relations avec des pères de famille, j'ai failli, à deux reprises, présenter à des enfants un spectacle plus abouti que la scène de baiser à la dérobée de ma mère avec son ami. La première nuit que j'ai passée avec Robert chez lui – d'ailleurs la seule –, je le vis coincer la poignée de la porte de la chambre avec un dossier de chaise. Je me dis en moi-même : « Tiens, ces trucs qu'on voit dans les vieux films d'aventure, ça marche ! » Le matin, sa fille secoua la porte, réclamant de voir son père avant de partir à l'école. Il lui cria vivement d'aller se préparer, qu'il la rejoindrait. Ce qu'il fit. En vacances, à l'heure de la sieste, le fils d'Éric appela son père de derrière le rideau de cotonnade qui isolait la chambre. Éric se détacha de ma poitrine en s'appuyant sur un coude, à la manière d'un couvercle de boîte qui pivote sur une charnière, et ce fut comme si un diable surgissait de la boîte. « Fiche le camp, tempêta-t-il dans l'affolement. Fiche le camp, laisse-moi dormir ! » Les deux fois, je me suis sentie du parti de l'enfant qu'on rabroue.

Lorsque vous doublez à moto un très gros véhicule et pour peu qu'il y ait du vent, survient l'instant précis où l'air s'empare de vous. Cet instant se situe alors que vous avez remonté jusqu'à la tête du camion, juste avant que vous ne commenciez à vous rabattre. Un appel d'air se produit et votre torse subit un double mouvement de torsion. Une épaule est projetée en avant, l'autre en arrière, et le mouvement s'inverse tout aussi brusquement. Vous êtes une voile qui claque au vent. Quelques secondes auparavant, vous fendiez l'espace qui s'ouvrait devant vous. Tout à coup, cet espace se rabat et vous secoue, vous moleste. J'aime cette sensation et je sais l'identifier en d'autres circonstances bien différentes : se sentir au cœur d'un espace qui s'ouvre et se referme, s'étend et se rétracte. Et de même qu'un élastique qu'on étire puis qu'on lâche par inadvertance revient cingler la main qui le tient, de même est-on dans cet espace, par brèves séquences, alternativement un sujet qui saisit ce

143

qui l'environne (ne serait-ce que du regard) et un objet saisi. Ainsi, et de façon inattendue, dans un sex-shop. Cela me plaisait d'y accompagner Éric. Tandis qu'il entretenait le vendeur de ses demandes toujours extrêmement précises parce qu'il se tenait au courant des dernières parutions, surtout dans le domaine des vidéocassettes, j'allais et venais dans le magasin. La première image venue, quelle qu'elle soit (une fille écartant de ses doigts manucurés sa vulve cramoisie, la tête légèrement relevée vue en perspective, le regard flottant au-dessus du corps avec la même expression que celle d'un malade qui cherche ses pieds au bout d'une civière ; une autre assise sur les talons dans la pose traditionnelle de la pin-up et soutenant de ses paumes ouvertes le fardeau de nichons plus gros que sa tête ; le jeune homme en costume trois pièces qui empoigne sa bite en direction d'une femme d'âge mûr accroupie au bord de son bureau [elle est avocate ou chef d'entreprise] ; et même des body-builders destinés à la clientèle homosexuelle, sanglés dans des cache-sexe qui paraissent proportionnellement minuscules), n'importe quelle image, graphique, photographique, cinématographique, réaliste ou caricaturale (un mannequin posant dans les pages de caleçons d'un catalogue de vente par correspondance ; une éjaculation en grosses gouttes débordant dans les marges d'une bande dessinée), toute image, dis-je, fait que je ressens dès le premier coup d'œil l'énervement caractéristique au fin fond de l'entrecuisse. Je feuilletais les revues à disposition, retournais, circonspecte, celles sous cellophane. N'est-il pas formidable qu'on puisse s'exciter librement, au vu et au su de tous les autres clients qui font de même, chacun se comportant néanmoins comme s'il furetait dans les tourniquets d'une

Maison de la presse ? N'y a-t-il pas lieu d'admirer l'apparent détachement avec lequel on considère là des photographies ou des objets qui, chez soi, font perdre contenance. Je jouais à me transplanter dans un monde mythique où tous les magasins offraient le même genre de marchandises, parmi d'autres, et où, mine de rien, on se laissait gagner par une chaude sensation, absorbé dans la contemplation d'organes dont la quadrichromie restituait parfaitement l'humidité et qu'on exposait ensuite, sans vergogne, à la vue des voisins de compartiment. « Excusez-moi, puis-je vous emprunter votre journal ? – Je vous en prie. » Etc. La tranquille évidence qui règne dans un sex-shop s'étendait à la vie sociale dans son ensemble.

Passer dans l'arrière-boutique où se tient le peep-show, c'est comme arriver en retard au théâtre. On se trouve plongé dans l'obscurité, dans un couloir circulaire distribuant des « loges ». Il n'y a pas de pourboire à donner à une ouvreuse, on s'est au contraire muni de monnaie afin d'alimenter l'éclairage de la fenêtre-écran donnant sur le plateau au centre du dispositif, où une fille ou un couple se livre à des contorsions d'une lenteur irréelle. Il fait si noir dans la cabine que je n'ai jamais réussi à y percevoir quoi que ce soit, pas même les parois ; cela revient à être dans un vide. Du plateau toutefois émane une lumière basse, bleutée, dont un trait se pose à la base du membre que j'ai pris dans la bouche, si bien que mon espace perceptible se réduit à ce tronçon de chair fripée et piquée de poils, et que j'avale régulièrement. Il se peut qu'Éric appelle le caissier pour changer un billet contre de nouvelles pièces de dix francs. Tournée du côté de la fenêtre, je ne reconnais pas les mains qui commencent à glisser sur mes fesses découvertes, des mains

145

et aussi bien mes fesses dont je pourrais croire qu'elles se trouvent très loin de moi, elles aussi de l'autre côté d'un écran. Juste après être entrés dans la cabine, nous nous sommes palpés en aveugles, le regard concentré sur le spectacle que nous avons commenté. Nous sommes d'accord sur le fait que la fille a une belle chatte. Le type a un peu trop un physique de minet. Éric aimerait bien nous voir nous branler toutes les deux. Je demande si nous pourrons la rejoindre après, etc. Ensuite, nous sommes pris par l'accélération de notre propre mécanique ; le couple dans la lumière bleue se désincarne ; il n'est plus que la projection lointaine, à peine consciente, des images que forgent dans leur cerveau ceux qui s'activent dans le noir. « Han ! », laisse sourdement échapper l'ombre basculée au-dessus de mon dos, en se plaquant un peu plus fermement sur mon cul.

L'échange fantasmatique entre le spectacle et l'action réelle, dans un peep-show, lorsqu'on y baise, n'a pas la fluidité de ce qui se passe lorsqu'on regarde une vidéo ou un film à la télévision, en desserrant de temps en temps sa propre étreinte pour suivre le déroulement de l'action sur l'écran et y trouver le prétexte d'un changement de position. Tandis que le grouillement des pixels brouille les frontières au point que l'espace qui s'y creuse est presque une extension de l'espace où l'on se trouve, la vitre du peep-show est une césure qui matérialise la séparation entre les deux parties symétriques, qu'on peut franchir mais qui reste sensible. Deux autres facteurs concourent à cette impression : le film pornographique a une trame qui, aussi schématique soit-elle, draine l'attention, alors que l'action dans un peep-show est peu évolutive ; enfin, si l'on peut projeter le film en boucle ou passer la nuit devant la télévision, la cabine sans fond a bien une limite, celle du temps qui y est compté, haché par les arrêts de la minuterie.

Qui n'a pas dans ses souvenirs de ces baisers voraces échangés par des langues qui, faisant valoir tout à coup leurs propriétés de muscles, dotées d'une longueur et d'une force d'adhérence monstrueuses, s'explorent l'une l'autre ainsi que le relief entier de la bouche et des lèvres du partenaire, et qui donnent tout son sens à l'expression « rouler un patin » ? Ce déploiement obscène n'a-t-il pas eu lieu sur un pas de porte, au bas d'un escalier d'immeuble ou dans l'encoignure d'un porche, là où se trouvent les interrupteurs sur lesquels on n'a justement pas appuyé ? Lorsqu'on est adolescent, disposant rarement d'un espace à soi, on est bien obligé de se livrer au déballage charnel dans ces endroits semi-publics que sont les portes cochères, les cages d'escalier et les paliers. J'ai évoqué plus haut la nécessité dans laquelle se trouve en particulier la population pubère citadine de gagner sur des espaces interdits sa propre sphère intime. L'instinct sexuel que la civilisation a mis au secret se donne d'abord et spontanément libre cours non pas derrière la porte d'une chambre à coucher, mais dans des zones de passage, celles qui appartiennent à tout le monde et où les usages de la politesse atteignent leur plus haut degré de retenue : « Bonjour. Bonsoir. Veuillez m'excuser. Après vous… » Etc. Combien de fois n'ai-je pas eu un sein pétri par une main pataude, à l'emplacement même où les voisins d'ordinaire me tenaient la porte. Même parvenue au statut d'adulte émancipée, je pouvais encore montrer assez d'impatience masochiste pour, dans un hall d'entrée carrelé,

147

éclairé à travers un vasistas par la lumière des réverbères, me laisser secouer comme un sac, alors que je me tenais assise sur le radiateur, les genoux sous le menton, les tubes en fonte me rentrant un peu plus dans le gras des fesses à chaque bourrade. Par conséquent, ne peut-on pas se demander si le goût de la transgression qui conduit des adultes à choisir de tels lieux, et d'autres encore plus fréquentés, inconfortables ou insolites, pour accomplir l'acte sexuel, ne relève pas d'une transgression qu'on pourrait appeler « primaire », et si leur « perversité » n'est pas à mettre sur le compte d'une vénielle immaturité ?

Avant qu'il ne me soit donné de connaître les jeux de piste du bois de Boulogne ou le manège de la porte Dauphine, les virées en compagnie d'Henri et de Claude m'ont permis d'entretenir cette pratique du pelotage à la dérobée, quelquefois assez poussé, dans les parties communes d'habitations parisiennes. À l'heure des voleurs, nous nous perdons dans un ensemble d'immeubles, à la recherche de l'appartement d'une amie. Bien qu'elle soit artiste et qu'elle affiche un comportement décontracté, mutin, c'est une bourgeoise – nous sommes boulevard Exelmans –, qui plus est la petite amie d'un homme qui est notre « patron » à Henri et moi. L'objectif est enfantin. Nous allons sonner à sa porte, nous faire pardonner notre irruption par des câlineries. L'arrière-pensée est qu'un des garçons au moins réussira bien à fourrer sa pine tenace au creux du coussinet de chair moite, imprégné de la senteur du sommeil. Encore faudrait-il que nous sachions exactement dans quel bâtiment et à quel étage se trouve l'endormie. Claude, sûr de lui, entreprend d'explorer palier par palier l'un des bâtiments, nous laissant sans aucun doute délibérément nous attarder, Henri et moi, dans un autre, où la recherche se révèle infructueuse. Henri a toujours des gestes tendres, des doigts un peu gourds qui semblent davantage lui servir à désigner les choses qu'à les prendre. J'agis généralement de manière plus directe. Debout, collés l'un à l'autre, nous commençons par des effleurements de fesses. Les miennes sont nues sous la jupe. Il n'est pas d'une corpulence beaucoup plus importante que la mienne et cela me plaît de prendre en main le cul d'un homme, et aussi bien de pouvoir enlacer facilement son corps. J'ai fréquenté des hommes grands et forts mais je n'ai pas dédaigné la séduction des petits. L'équilibre entre la masse d'un homme et la mienne, la répartition que je peux croire égale, dans l'étreinte, de l'effort physique me procurent un ravissement particulier où il entre probablement un désir de féminisation de l'homme en question, voire une illusion narcissique : je connais à l'embrasser le même plaisir qu'il a lui-même à m'embrasser.

J'espère, dans des pages qui suivront, rendre compte comme il convient de la griserie qui me prend lorsque ma bouche est pleine d'un membre turgescent ; l'un des agents en est l'identification de mon plaisir avec celui de l'autre ; plus celui-ci se cabre, plus distincts se font gémissements, râles ou paroles d'encouragement, plus il me semble qu'il extériorise ainsi l'appel fou qui se manifeste au fond de mon propre sexe. Pour l'heure, je m'efforce de restituer la scène avec Henri, sachant que je l'ai sucé avec une ardeur, nota-t-il, qui l'étonna. Comment m'y suis-je prise ? Est-ce qu'à la suite de la pression instinctuelle des pubis l'un contre l'autre je me suis laissée tomber à ses pieds, conduite par l'anneau de mes bras qui ont glissé sans lâcher prise le long de son corps, et que, posée sur mes genoux, et selon mon habitude, j'ai d'abord promené mon visage, joues, front, menton, sur un relief qui par sa forme et sa dureté m'a toujours fait penser à un gros œuf à repriser ? La lumière s'est éteinte. Henri m'a rejointe sur le tapis ras et nous nous sommes recroquevillés au bas des marches, face à la cage d'ascenseur. J'extirpai l'objet emprisonné derrière les boutonnières tendues de la braguette et l'aidai à prendre la forme qui convient par un mouvement lent et régulier de ma main. Après cela, j'ai dû, la tête penchée entre ses jambes pliées, enchaîner par un va-et-vient similaire des lèvres. La minuterie s'est rallumée, suspendant mon action. J'ai perçu le marteau de la peur qui frappait dans ma poitrine et résonnait à mes oreilles, et son écho qui parvenait jusqu'à des zones voluptueuses du bas-ventre... La lumière n'a entraîné aucun bruit. Dans l'attente, je gardai par réflexe la main posée comme un cache sur la verge trop gonflée pour rentrer dans son logement décent. Puis, rassurés, nous nous sommes mieux calés sur les marches. Certaines règles de la baise, surtout lorsque le cadre se prête mal aux débordements, ressemblent à celles de la politesse : chacun des partenaires, en alternance, se consacre au corps de l'autre en soustrayant provisoirement le sien à la portée de l'autre, ainsi que font deux personnes qui échangent des remerciements ou des compliments décousus dans une surenchère d'attentions désintéressées. Les doigts d'Henri ont enclenché une vraie mécanique de bielle à l'intérieur de mon con, tandis que je m'adossais à l'arête de la marche et que ma bouche ne gobait plus que la lumière ambiante, et si je tenais toujours fermement son membre, ma main toutefois avait cessé son mouvement ascendant et descendant. Puis, j'estimai être momentanément comblée et c'était mon tour, refermant mes cuisses, de replonger ma tête entre les siennes. Avec nos gestes, nous n'occupions pas plus d'espace que celui de nos corps emboîtés. La minuterie s'est rallumée à deux ou trois reprises. Dans les intervalles, on eût dit que l'obscurité nous cachait dans une anfractuosité, dans la paroi du puits que formait la cage d'escalier. La pleine lumière me fouettait le front pour que je pompe plus vite. Je ne sais plus si Henri a déchargé de « jour » ou de « nuit ». Mêmes petits tapotements du plat de la main pour défroisser les vêtements et pour remettre en place les cheveux. Lorsque Claude et moi passions des soirées avec des amis, et qu'il m'arrivait, comme ce fut le cas cette fois, de baiser inopinément hors de sa vue, je ne me représentais pas devant lui sans une gêne diffuse. Je crois qu'il en allait de même pour celui qui m'avait accompagnée. Claude nous attendait en bas de l'escalier ; il fit mine d'arriver d'un autre bâtiment. Henri lui trouva l'air bizarre. Nous avions renoncé à découvrir la bonne porte.

Maladie, saleté

Toute niche où le corps connaît une plénitude inversement proportionnelle à la place dont il dispose, où il s'épanouit d'autant mieux qu'il est contraint, réveille notre nostalgie de l'état fœtal. Et nous n'en tirons jamais autant de profit que lorsque, dans le secret de cette niche, la vie organique reprend ses droits, quels qu'ils soient, et que nous pouvons nous abandonner à quelque chose qui ressemble fort à l'amorce d'une régression. Qu'on y songe : l'hygiène n'imposait pas que les lieux d'aisance deviennent des endroits où l'on s'isole, des cabinets justement, et s'ils le sont devenus, la pudeur en est le prétexte, mais la raison occulte de cette pudeur n'est ni le souci de notre dignité ni celui de ne pas gêner autrui, elle est la liberté d'éprouver sans retenue le plaisir de la défécation, d'inhaler sa propre embaumante puanteur ou encore d'examiner méticuleusement nos selles, à l'instar de Salvador Dalí qui en a laissé des descriptions comparatives et imagées. Je ne m'apprête pas à raconter des histoires scatologiques, je veux seulement me souvenir ici de circonstances banales dans lesquelles les fonctions de mon corps se sont trouvées en conflit. Et comme je n'ai jamais rencontré d'amateur déclaré de mes pets ni de mes fèces, pas plus que je n'ai cherché à goûter ceux des autres, ces confrontations ont pris le tour d'un combat incertain entre plaisir et déplaisir, jouissance et douleur.

Je suis une migraineuse. Arrivée par avion à Casablanca, j'étouffe de chaleur dans l'aéroport en attendant longtemps la livraison de mon bagage. Le voyage n'est pas terminé, Basile, l'ami architecte qui m'a invitée, m'emmène en voiture jusqu'au village de vacances qu'il a construit et où il possède une petite maison. Halte dans un chemin à l'écart de la route. Il fait très beau, un feuillage clairsemé s'agite autour de nous dans une lumière claire. À quatre pattes sur la banquette arrière, je tends comme toujours si bien le cul que je pourrais me le représenter comme un ballon jaillissant hors de la voiture, prêt à se détacher du reste du corps et à s'envoler. Tandis que le ballon est transpercé d'une des pines les plus acérées que j'aie connues, j'éprouve les premiers symptômes. Des sortes de flashes me brouillent la vue et accentuent l'impression de papillonnement de la lumière. À la dernière charge, mon corps, hormis le cul, a cessé d'exister, vidé de substance comme un fruit qu'on a laissé se racornir, désagrégé dans le brasille-ment. Ou, plus exactement, il n'y a plus rien entre mon crâne minéralisé dans l'étau de la douleur et l'épiderme de mes fesses où s'attardent d'ultimes caresses. Je n'ai plus été capable d'articuler un mot. Arrivée à desti-nation, je me suis couchée, raide, dans le lit haut et pro-fond. Aux deux lourdes terminaisons auxquelles mon corps était réduit, l'une où il s'anéantissait dans la douleur, l'autre que le plaisir avait abandonnée dans une léthargie, s'était ajouté le poids de la nausée qui accompagne les très forts maux de tête. Ainsi n'étais-je plus qu'une apparence de corps, lestée en trois points des trois seuls organes qui me restaient, et autour de laquelle s'affairait silencieusement un homme inquiet. Or, lorsque la migraine me cloue ainsi au fond d'une chambre plongée dans le noir, que je n'ai même plus de geste pour décoller de ma peau le drap imprégné d'une sueur vieille parfois d'une nuit et d'un jour entiers, et que je respire le relent atténué de mon vomi comme la seule perception que je garde, qui ne provoque pas une intolérable douleur, il m'arrive d'imaginer avec mes dernières ressources mentales que, dans cet état, la cavité des orbites élargies par des disques grisâtres, l'angle interne des paupières et la racine du nez enfon-cés dans un même pincement, je suis exposée à des yeux étrangers. Jacques a trop l'habitude et un médecin trop de distance clinique. Je voudrais que Jacques prenne des photographies de moi dans ces moments-là et qu'elles soient publiées, et vues, par exemple, par des lecteurs de mes articles et de mes livres. En quelque sorte, quand je suis rendue complètement impuissante par une souffrance trop intense, il y aurait comme une compensation dans le fait de parachever ma déchéance physique en l'inscrivant dans le regard des autres. La relation avec Basile a toujours été légère, enjouée et le plaisir entier. Si je devais être malade en sa présence, alors il fallait que ce soit avec la même simplicité avec laquelle je me laissais faire lorsqu'il me prenait par-derrière, cela après que nous avions fait un bon repas, et que je laissais mon ventre ballonné exprimer quelques pets. C'était un homme vif et perspicace, avec qui les conversations allaient bon train, qui un beau jour m'avait fait cette gentillesse de me complimenter sur ce grand nez qui me complexait mais dont lui estimait qu'il donnait du caractère à ma figure. Quelqu'un aussi qui jouissait principalement dans mon cul mais non sans avoir auparavant stimulé d'un index sûr le point le plus réactif de mon corps. Alors que je n'étais plus capable ni d'échanger la moindre parole avec lui ni de réagir au contact de ses mains, me restait la capacité de lui offrir ce spectacle où je me laissais aller à une complète rétraction de ma personne.

Les maux de tête ont souvent des causes extrêmement difficiles à repérer, ceux qui y sont sujets le savent bien, et ceci, d'une certaine façon, les dispense de remords lorsque la cause est évidente et qu'ils en sont responsables : abus d'alcool ou exposition au soleil. De ma vie, je n'ai pas été saoule plus de deux ou trois fois. L'une de ces fois, j'étais avec Lucien, qui s'était affalé sur moi, sur le tapis de son salon, devant ses amis, à l'insu de sa femme. Il m'avait emmenée dîner en dehors de Paris chez un jeune couple de ses relations. Sans m'en rendre compte, j'ai bu trop de champagne. Ces gens habitaient un gros pavillon où l'on pénétrait directement par la cuisine qui servait aussi de salle à manger. Au fond de la pièce, il y avait deux portes contiguës donnant chacune sur une chambre. La soirée a dû d'abord se prolonger dans leur chambre à eux. J'essaie de reconstituer : Lucien m'entraîne sur le lit avec la complicité du garçon ; ils commencent à me peloter, je concentre mon attention sur la fouille des braguettes. La jeune femme reste un peu en retrait, son ami la prend par les épaules, l'embrasse, l'encourage à venir s'allonger avec nous. Elle va dans la salle de bains, il la suit, revient en expliquant que « ce n'est pas le truc de Christine, mais qu'on peut faire ce qu'on veut, ça ne la dérange pas ». J'assiste au manège comme je suivrais involontairement une pièce radiophonique qui résonne dans la cour d'immeuble, l'été, quand les fenêtres du voisin sont ouvertes. Sans doute par respect pour Christine, qui toutefois ne reparaît pas – s'occupe-t-elle devant la glace au-dessus du lavabo ? Est-elle assise, indécise, sur le rebord de la baignoire ? –, nous passons dans la seconde chambre.

Je ne me rappelle pas du tout si notre hôte m'a pénétrée, en revanche je sais que, apathique, je me suis laissé faire par Lucien. L'édredon était un gouffre où s'enfonçait le bas de mon ventre ; mon vagin, labouré sans heurt par Lucien, qui devait se rendre compte que je n'allais pas bien, s'amollissait, fuyait, aspiré par cette profondeur, tandis qu'une puissance paralysante maintenait la tête, la nuque et les épaules et jusqu'aux bras légèrement écartés, plaqués à l'horizontale. J'ai quand même trouvé la force de me lever. Combien de fois dans la nuit ? Quatre, cinq fois ? Nue, je traversais la cuisine, j'allais dans le jardin. Il pleuvait à seaux. Debout, je vomissais sans chercher un fourré, au milieu de l'allée, directement sur le sol. Il faut savoir que chaque spasme convertit le travail de forge sous la boîte crânienne en ce qui est reçu comme une ultime déchirure dans le métal battu. Le corps entier rentre dans la masse de la tête et devient un poing qui saisirait une lame. La pluie froide apaisait momentanément la douleur. En retournant vers la chambre, au passage, je rinçais ma bouche à l'évier de la cuisine. Le lendemain matin, quand on m'eut rapporté de chez le pharmacien le médicament salvateur, quand ce fut fini, Lucien m'assura qu'il m'avait baisée plusieurs fois dans la nuit et que j'avais eu l'air d'y prendre du plaisir. C'est une des très rares circonstances où j'agis en étant inconsciente. Quelques mois plus tard, je reçus la visite de la jeune femme. Elle et son ami avaient eu un terrible accident de voiture. Lui était mort et sa famille l'avait chassée de cette maison qu'elle habitait avec lui. Elle m'inspira une réelle compassion en même temps que j'éprouvai l'étrangeté de la poursuite d'un cauchemar.

Le rapprochement de ces épisodes en amène un autre. Ce n'était pas après avoir trop bien mangé, comme avec Basile, c'était un jour où, au contraire, j'avais peut-être consommé une nourriture qui n'était pas fraîche, et j'avais les intestins dérangés. Lucien tenait absolument à me prendre par-derrière. J'eus beau me dérober, entreprendre une fervente fellation, je ne pus l'empêcher d'aller fourrer ses doigts au plus près de la partie malade et je me rendis compte, honteuse, qu'il en ramenait un peu de matière liquide. Il enfourna sa bite. Le plaisir que procure cette utilisation du rectum est évidemment de la même famille que celui qu'on éprouve dans les secondes mêmes qui précèdent l'expulsion des matières fécales, mais là la conjugaison des deux fut trop étroite pour qu'elle ne touchât pas au supplice. Je ne me suis jamais livrée, ni spontanément ni entraînée par des hommes qui en auraient eu la pratique, à des jeux scatologiques. Aussi la remarque qui me vient à propos de ces incidents est, tout au plus, qu'ils se produisirent quand j'étais en compagnie d'hommes beaucoup plus âgés que moi, l'un et l'autre pouvant être assimilés, pour des raisons d'ailleurs différentes, à des figures paternelles. Après s'être retiré, Lucien était allé se laver, sans autre commentaire que celui selon lequel j'avais été bien bête de faire des manières, puisque cela avait été si bon. Je me sentis en confiance.

Le bien-être si parfait que l'on connaît lorsque dans le plaisir on s'est pour ainsi dire défait de son corps auprès d'un autre, on peut en reconnaître certains aspects lorsqu'on se défait pareillement de ce corps, mais dans le déplaisir, l'abjection ou encore dans la douleur la plus vive. J'ai traité du thème de l'espace ouvert qu'on s'approprie, de la tentation d'accrocher des regards inconnus à sa nudité comme à une vitrine. Dans ces cas-là, d'ailleurs, la nudité est une parure, et l'exhiber relève d'une excitation comparable à celle qui se manifeste, à l'inverse, lorsqu'on apprête son corps, l'habille, le maquille pour séduire. Je dis bien excitation, montée du désir tendu vers la réponse que lui apportera le monde extérieur. Ce n'est sûrement pas d'excitation dont il s'agit lorsqu'on se replie dans le vase clos de la douleur ou de l'immédiate satisfaction des fonctions élémentaires : lorsque le corps n'a pas la force d'occuper plus de place que l'enfoncement déjà creusé dans le matelas, que le jet de vomissure éclabousse la pointe des pieds, qu'un peu de merde suinte entre les fesses. S'il s'y mêle de la volupté, ce n'est pas que le corps se sente happé par plus grand que lui, c'est qu'il paraît à lui-même ne pas avoir de fond, comme si d'extérioriser l'activité de ses entrailles signifiait qu'on pouvait y faire pénétrer tout l'entourage.

Si l'une des significations du mot « espace » est le vide, si lorsqu'il est employé sans qualificatif il évoque prioritairement un ciel pur ou un désert, l'espace *exigu* est presque aussi automatiquement vu comme un espace plein. Lorsqu'il me prend de retourner mon aspiration aux vastes horizons, je m'expédie volontiers, par l'imagination, dans un local à poubelles. Presque toujours celui de l'immeuble que j'habitais dans mon enfance. Le dos au mur, je m'y fais mettre, entre des poubelles en fer rainuré, par un homme qui, pour la circonstance, pose à terre un seau rempli d'ordures. Je n'ai jamais réalisé ce fantasme mais j'ai assidûment fréquenté un homme qui vivait dans un tel capharnaüm et une telle saleté que l'idéal de la poubelle devait bien tenir une place dans son inconscient. Le même était un esthète, théoricien clair et posé, et même précieux dans son expression. L'appartement comptait deux minuscules pièces aux murs entièrement couverts d'étagères encombrées de livres et de disques, jetés là en tous sens, certaines étagères ayant cédé sous le poids. L'une des pièces était aux trois quarts occupée par le lit dont je n'ai jamais connu le drap du dessus et la couverture que remontés en tas, et où l'on ne pouvait se glisser qu'après avoir repoussé livres, journaux et papiers. Dans la seconde pièce, ce n'était pas seulement le bureau qui semblait avoir subi la vengeance d'un voleur enragé de ne pas avoir trouvé son butin, c'était aussi le sol ; on marchait dans un maquis de piles de livres et de catalogues effondrées, de monceaux d'enveloppes ouvertes et de feuilles froissées, de pages en éventail dont on pouvait soupçonner qu'elles avaient encore une utilité. Cela, avec la poussière, n'aurait rien été si des verres, dont le fond gardait la pellicule marron d'une boisson asséchée, n'avaient pas servi de presse-papiers, s'ils n'avaient pas marqué de fronces circulaires et poisseuses d'autres papiers, si un T-shirt grisâtre ou une serviette-éponge durcie ne s'étaient pas emmêlés dans les draps, s'il n'avait pas fallu pour dégager un morceau de savonnette dans l'évier sonder des couches archéologiques de soucoupes et de tasses sur lesquelles des miettes avaient formé une croûte, comme la terre sur un vestige tout juste exhumé – tout ça soulevait le cœur. Dans ce taudis, j'ai passé beaucoup de nuits. Son locataire ne déparait pas. Ce fut pour moi une source jamais tarie de perplexité que de constater qu'il ne devait jamais accomplir cet acte élémentaire de confort et d'urbanité, à savoir se brosser les dents. Quand il riait, sa lèvre supérieure levait le rideau sur un emplâtre jaune piqué çà et là de noir. Comme je ne doutais pas que toute mère enseignât le geste d'hygiène à ses enfants, je me demandais à quel niveau d'amnésie de son enfance il avait bien pu parvenir. Il aimait beaucoup se faire branler le cul. Il se mettait d'entrée en levrette, présentant un cul large, plutôt blanc, et son visage prenait un air sérieux dans l'attente. Alors, je me plaçais à côté de lui d'aplomb sur mes genoux écartés, la main gauche posée légère sur son dos ou sa hanche, et la main droite humectée commençant par masser le pourtour de l'anus, puis engageant deux doigts, trois, quatre. J'aurais vite fait penser, avec mon dos voûté, le mouvement frénétique de mon bras, à une ménagère se dépêchant de rattraper une sauce, à un bricoleur polissant son ouvrage. Ses gémissements avaient la même sonorité nasale que son rire. Mesurer en les écoutant le fruit de mon effort soutenu m'amenait moi-même à une surexcitation telle que je n'abandonnais qu'à regret le mouvement devenu douloureux. Ensuite, nous enchaînions les postures avec la logique d'acrobates qui, d'une figure à l'autre, finissent par échanger leur place. Je substituais ma langue à mes doigts, puis je glissais sous lui pour former ce qu'on appelle un soixante-neuf, puis c'était mon tour de me mettre en levrette. Le niveau aigu du plaisir que j'atteignais alors fut aussi un sujet d'interrogation récurrent. Peu de personnes connaissaient l'antre, et s'y vautrer ravivait sans aucun doute la prédilection infantile pour le cloaque. Le cloaque est un lieu caché, non pas tant parce qu'il serait humiliant de s'y faire voir, que parce que, à l'instar de ces animaux qui dégagent une odeur infecte pour éloigner le prédateur, on s'en couvre comme d'une enveloppe de protection, on s'y réfugie comme dans un nid d'autant plus sûr qu'il est en partie tressé de ses propres excrétions. Toutefois, mon entourage était à même de constater que l'homme en question était plus sale qu'il n'est généralement admis pour un intellectuel souvent négligent de son aspect physique. Je ne décourageais pas les questions ni les commentaires. Il y avait du défi contrôlé dans ma réaction. « Eh bien, oui, telle que vous me voyez, douchée du matin et culottée de frais, je me frotte à cette crasse. » Au besoin : « Je m'y frotte comme je me blottis contre vous. »

Il ne faut pas être grand psychologue pour déceler dans ce comportement une inclination pour l'auto-avilissement, mélangée du dessein pervers d'y entraîner l'autre. Mais la tendance ne s'arrêtait pas là ; j'étais portée par la conviction de profiter d'une fantastique liberté. Baiser par-delà toute répugnance, ce n'était pas que se ravaler, c'était, dans le renversement de ce mouvement, s'élever au-dessus des préjugés. Il y en a qui transgressent des interdits aussi puissants que l'inceste. Je me suis contentée de ne pas avoir à choisir mes partenaires, quel que soit leur nombre (étant donné les conditions dans lesquelles je me livrais, mon père, fût-il « du nombre », je ne l'aurais pas reconnu), je peux dire quel que soit leur sexe et quelles que soient leurs qualités physiques et morales (de la même façon que je n'ai pas cherché à éviter un homme qui ne se lavait pas, j'ai en toute connaissance de cause fréquenté trois ou quatre personnages veules et imbéciles). Ceci, tout en attendant d'être un jour sous un chien dressé, ce que me promettait Éric, qui ne se réalisa jamais, sans que je sache si nous manquâmes l'occasion ou s'il jugeait que cela devait rester de l'ordre de la fabulation. En amont de ce livre, j'ai engagé ma réflexion sur le thème de l'espace. J'en viens à parler d'animal et d'immersion dans l'animalité humaine. Par quel détour résumer au mieux le contraste d'expériences où se mêlent la jouissance qui projette hors de soi et la salissure qui fait se rapetisser ? Celui-ci, peut-être : en avion, sur certains trajets, j'aime contempler longuement, à travers le hublot, un paysage désertique. Sur les longs-courriers, l'enfermement dans la cabine favorise l'avachissement de tous les passagers et, dans la promiscuité, on finit par échanger avec ses voisins le remugle des aisselles humides et des pieds échauffés. L'émerveillement qui est alors le mien, s'il m'est donné simultanément d'embrasser du regard un pan de la Sibérie ou du désert de Gobi, est d'autant plus grand que je suis entravée, moins par la ceinture attachée que par ce bain trop épais dans lequel je suis plongée.

Au bureau

Besoin de suturer la coupure entre l'intérieur et l'extérieur de mon corps, et, sans aller jusqu'à une franche analité, faculté de trouver mon aise dans la souillure : quelques traits de ma personnalité sexuelle entretiennent de menues tendances régressives. J'y rapporterai également l'habitude d'accomplir l'acte sexuel en un maximum de points de l'espace familier. Certains de ces points sont ceux qui permettent au couple de manifester l'urgence du désir et d'expérimenter par la même occasion des positions inédites, entre la sortie de l'ascenseur et l'entrée de l'appartement, dans la baignoire ou sur la table de la cuisine. Quelques-uns parmi les plus excitants appartiennent aux espaces de travail. Là s'articulent l'espace intime et l'espace public. Un ami, que je retrouvais dans son bureau donnant sur la rue de Rennes, se faisait volontiers sucer devant la paroi vitrée qui descendait jusqu'au sol, et l'agitation euphorique du quartier qui montait jusqu'à moi, agenouillée dans le contre-jour, participait certainement à mon plaisir. En ville, à défaut d'horizon lointain, cela me plaît d'avoir un point de vue depuis une fenêtre ou un balcon, tout en emprisonnant dans un logement secret une bite langoureuse. À la maison, je laisse planer un regard vague au-dessus de la cour étroite et sur les fenêtres des voisins ; depuis un bureau que j'ai occupé boulevard Saint-Germain, je considérais la massive façade du ministère des Affaires étrangères. J'ai aussi évoqué quelques-uns de ces points en parlant de la crainte exquise de s'exposer au regard d'involontaires témoins. À cette tentation exhibitionniste, j'ajouterai la pulsion à marquer son territoire, comme le ferait un animal. Semblable au lémur qui de quelques jets d'urine définit l'espace qui sera le sien, on laisse choir quelques gouttes de foutre sur une marche d'escalier ou la moquette d'un bureau, on imprègne de son effluve le cagibi où tout le monde vient ranger des affaires. En inscrivant sur ce terrain l'acte par lequel le corps excède ses propres limites, on se l'approprie, par osmose. Et on le prend sur celui d'autrui. Qu'il entre dans cette opération une part de provocation voire d'agressivité indirectes à l'égard des autres, cela ne fait pas de doute. La liberté paraît d'autant plus grande qu'on se l'octroie dans un lieu où la cohabitation professionnelle impose habituellement des règles, des limitations, quand bien même partagerait-on ce lieu avec les personnes les plus discrètes et les plus tolérantes. Sans compter qu'en annexant éventuellement à sa sphère très privée des effets leur appartenant, un pull qu'ils ont oublié là et qui va servir de cale-fesses, l'essuie-mains des lavabos de l'étage dont on va se frotter l'entrejambe, on les y embringue d'une certaine façon, à leur insu. Il y a des lieux que j'ai habités de cette façon avec le sentiment que j'y étais plus chez moi que ceux qui y passaient le plus clair de leur temps actif, parce que j'avais déposé la trace humide de mes fesses là où eux étalaient leur matériel et leurs dossiers. Cela n'empêchait pas l'idée de me traverser l'esprit qu'ils avaient peut-être, eux aussi, détourné la fonction de leur espace de travail, et qu'ainsi nous baisions dans le sillage les uns des autres.

J'ai méthodiquement posé les balises d'un territoire sexuel à l'intérieur des lieux professionnels. Certains endroits sont particulièrement propices, tels le local où est installé le banc de reproduction ou les grandes pièces aveugles dans lesquelles sont généralement stockés les paquets de journaux. Le premier est fermé par un rideau occultant. Son exiguïté oblige à rester debout, et on y baigne dans une lumière de cabaret. Cette lumière veloute la peau et cette perception optique exacerbe le toucher ; il suffit que les caresses soient des effleurements. D'autant que les corps se désincarnent : la lumière rouge donne une transparence à la peau claire et fait disparaître les parties sombres, les cheveux ou le vêtement qu'on a gardé sur soi.

Dans une réserve, le plus déroutant est d'avoir à élire l'emplacement. L'espace découpé en allées parallèles par les étagères est uniforme, on n'est pas plus à l'abri d'un regard intrus dans une allée que dans une autre, et de toute façon les espaces vides entre les piles de papier laisseraient passer ce regard. Si bien qu'on se pose dans ce lieu d'accumulation aussi arbitrairement qu'on le ferait dans un espace nu, et non sans avoir d'abord tourné un peu sur soi-même. Dans ces endroits, pour moi, la fellation était préférable, comme l'acte le plus rapide à suspendre. Je pense que cela est dû à l'aspect terne de l'endroit. Dans un bois, sur un chemin désert, dans n'importe quelle enceinte publique, il y a toujours une bonne raison de choisir de se mettre derrière tel bouquet d'arbres, dans telle encoignure de porte, soit parce qu'ils offrent le plus de commodité ou de sécurité, soit qu'ils présentent un attrait ludique ou esthétique. Là, rien de cela. Alors la station qu'on y fait est forcément brève parce qu'on pourrait tout aussi bien se porter quelques mètres plus loin, et migrer ainsi de place en place. À cela s'ajoute que, si l'on veut bien envisager d'être pris en flagrant délit dans un lieu pittoresque, il y aurait presque une humiliation à l'être dans un endroit aussi moche.

J'aime beaucoup l'atmosphère des bureaux désertés, il y règne un calme qui n'est pas celui d'un arrêt mais celui d'un suspens. Le harcèlement du monde laborieux a cessé, mais il menace, à travers une sonnerie de téléphone persistante, la gueule d'un écran d'ordinateur, un dossier resté ouvert. Tous les outils, toute la matière, tout l'espace à disposition de moi seule me procurent l'illusoire mais apaisante sensation de disposer d'une force de travail illimitée. Ainsi que je l'ai déjà dit, lorsque les autres libèrent l'espace, ils libèrent le temps, et c'est comme si j'avais à ma disposition l'éternité pour apprendre à me servir de tous les appareils, analyser et résoudre tous les problèmes, et comme si la possibilité d'entrer dans un bureau sans avoir à m'annoncer ni à m'excuser rendait plus fluide ma vie saccadée. Dans ces conditions, et quand j'étais rejointe dans ma solitude par un collaborateur qui se doublait d'un partenaire sexuel, il ne m'est arrivé qu'exceptionnellement de profiter du semi-confort de la moquette. Ce sont plutôt les plans de travail qui m'ont servi de socles. On pourrait penser que c'est parce que la position, la femme assise au bord de la table, l'homme debout entre ses jambes écartées, est plus facile à modifier en cas d'irruption d'un collègue. Ce n'est pas le cas. La vérité est que les gestes s'enchaînent. Avec Vincent, qui était maquettiste, il arrivait que nous examinions des mises en pages côte à côte sans prendre la peine de nous asseoir, parce que c'était un homme pressé, et peut-être parce qu'on croit avoir une meilleure appréciation avec trente centimètres de recul supplémentaires. Une infime hésitation dans le déroulement du travail, et je me tournais. Un léger soubresaut et, les fesses à côté des maquettes, j'avais le pubis à bonne hauteur. La hauteur est importante. Régulièrement, le moment propice pour glisser de la discussion professionnelle à l'étreinte muette correspond à un relâchement de la concentration, lorsqu'il faut, par exemple, chercher un document dans un tiroir situé en bas d'un meuble. En me penchant pour l'attraper, je fais ressortir mes fesses. Elles ne demandent qu'à sentir l'emprise de deux mains fermes. Ensuite, elles cherchent un appui sur un bureau ; je suis toujours précautionneuse lorsqu'il s'agit de déblayer tout autour pour allonger mon dos. Mais tous les plans de travail ne sont pas situés à la bonne hauteur, beaucoup sont trop bas, et il y a des bureaux sur lesquels je ne me suis jamais recouchée. Un graphiste que je rencontrais à son agence avait astucieusement réglé la question en adoptant les sièges sur pied à piston qui s'ajustent au centimètre près. Je m'y asseyais devant lui, le sexe exactement face au sien. Derrière lui, on prévoyait une table pour que je puisse poser mes pieds. Ainsi pouvions-nous rester très longtemps sans fatiguer ni l'un ni l'autre, moi comme si je me fus trouvée dans un transat, lui, la taille aussi souple que s'il avait fait tourner un hoola-hop. Par intermittence, il substituait à son propre mouvement celui de l'assise du siège qu'il saisissait des deux mains et faisait souplement pivoter d'un côté et de l'autre.

Tabous

J'ai rarement craint d'être prise en flagrant délit de baise. Dans les pages qui précèdent, j'ai plusieurs fois fait allusion à la conscience du risque encouru lorsqu'on s'affaire à une occupation sexuelle là où il n'est pas convenu de le faire, puisque aussi bien cette conscience participe du plaisir. Ceci étant, le risque est presque toujours mesuré, limité par d'implicites conventions : un habitué du Bois saura dresser la carte des lieux interdits où la chose est néanmoins possible et ceux où elle est définitivement impossible, je n'ai guère investi les bureaux qu'en dehors des horaires de travail… D'une façon prosaïque, la conviction que la sexualité, sous quelque forme qu'elle s'exprime, est la chose la mieux partagée du monde me conforte dans l'idée qu'il n'arrivera rien de désagréable. Le témoin involontaire d'un acte sexuel, s'il n'est pas poussé à participer, sera toutefois suffisamment atteint dans la confusion de ses propres pulsions pour ne rien manifester, garder une réserve pudique. À Jacques qui s'inquiète en souriant de ce qu'aurait été la réaction du jeune randonneur qui vient de nous saluer s'il nous avait croisés deux minutes plus tôt – c'est-à-dire lorsque nous avions la ceinture du pantalon sur les chevilles et que les secousses de nos corps faisaient bruisser le feuillage au bord du chemin, exactement comme le fait un petit animal qu'on dérange –, je réponds qu'il ne se serait rien passé.

À cela j'ajouterai que je ne crains que ceux que je connais trop bien, pas les anonymes dont je me fiche, et je ne pense pas être seule dans ce cas. Dans ce domaine, le tabou est pour moi l'utilisation de l'habitation qu'on partage avec quelqu'un d'autre, celui-ci étant absent et ignorant. Un début d'après-midi, Claude rentra à l'appartement – un grand appartement bourgeois où nous venions d'emménager – et pénétra dans la chambre d'amis située près de la porte d'entrée. Il interrompit une copulation à laquelle je n'avais pas résisté. C'était la première fois qu'en dehors d'un groupe je profitais pleinement du grand corps de Paul sous qui j'étouffais agréablement. Claude ressortit sans rien dire. Je vis Paul se mettre debout, son dos occuper la largeur de la porte, ses fesses proportionnellement si petites, et, nu, suivre Claude. À travers la porte, je l'entendis dire : « Excuse-nous, mon vieux. » Je fus frappée par le peu d'emphase avec lequel il exprimait son embarras réel. En revanche, en ce qui me concerne, alors même que j'avais déjà baisé avec Paul sous les yeux de Claude, et bien que ce dernier ne me parlât jamais de l'incident, pendant très longtemps je n'y repensais pas sans éprouver une tenace culpabilité. Encore pouvais-je considérer la chambre d'amis comme un territoire relativement neutre. La chambre commune, le lit « conjugal » relèvent de l'interdit absolu. Une fois, cette déliquescence de tout mon corps et de ma volonté, dont j'ai parlé comme de ma réaction fatale aux premiers attouchements d'un homme, me conduisit sur le seuil de cette chambre, celle qui est toujours la nôtre, à Jacques et à moi. Mais voilà, je ne pus même pas m'appuyer au chambranle de la porte, ayant peur inconsciemment de déclencher la mécanique d'un piège. Alors, je me mis à sautiller à cloche-pied, à reculons, parce que l'homme à genoux devant moi, en tentant de dégager la motte sous la jupe, m'avait d'office placé une cuisse sur son épaule. Je perdis l'équilibre au pied du lit. Un regard incrédule me fixa à travers le V de mes jambes en l'air. Je mis fin à l'exercice dont je me relevai morveuse.

Telles sont les bornes fixées par une morale qui appartient plus à une superstition qu'à une intelligence claire de ce qui serait bien et de ce qui serait mal. D'abord, ces bornes n'émettent des signaux que d'un côté ; je n'ai jamais eu de scrupule, le matin dans une salle de bains qui n'était pas la mienne, à chasser la fétidité de la nuit en utilisant la savonnette parfumée d'une absente. Ensuite, j'ai pu tromper d'une manière qui, révélée au trompé, pouvait le blesser bien plus que d'apprendre qu'on s'était vautré dans ses draps. Je prête à l'autre cette adhérence à l'environnement que j'éprouve moi-même, qui fait de tout objet intime, ou ayant servi un but intime, une sorte d'extension du corps, une prothèse sensible. Qu'en l'absence de la personne, on touche un objet qui la touche, c'est la personne qui est atteinte par contiguïté. Ma langue pouvait bien, dans une partouze, nettoyer une chatte où venait de décharger quelqu'un qui s'était d'abord excité sur moi, mais la pensée de m'essuyer avec une serviette qu'une femme, venue clandestinement chez moi, aurait passée entre ses cuisses, ou que Jacques utilise la même qu'un invité dont il ignorerait la visite m'horrifie comme si nous avions à redouter une épidémie de lèpre. De plus, et avant cette peur elle-même, une hiérarchie entre en jeu selon laquelle j'accorde plus d'importance au respect de l'intégrité physique (de tout ce qui s'y attache, que j'y attache…) qu'à celui de la sérénité morale, considérant que l'atteinte à la première est plus irrémédiable que l'atteinte à la seconde. Ma tendance (que j'ai quand même appris à relativiser) est de penser qu'« on s'arrange mieux » d'une blessure invisible que d'une blessure externe. Je suis une formaliste.

Confiante

Un paradoxe en regard de ce trait de caractère est que, alors que les images ont un rôle tellement dominant dans ma vie, alors que l'œil me guide plus que tout autre organe, dans l'acte sexuel, tout au contraire, je m'aveugle. Disons que, dans ce continuum qu'est le monde sexué, je me déplace comme une cellule dans son tissu. Les sorties nocturnes et le fait d'être entourée, portée, pénétrée par des ombres m'allaient bien. Plus que ça encore, je peux suivre aveuglément celui que j'accompagne. Je m'en remets à lui, j'abandonne mon libre arbitre ; sa présence empêche qu'il puisse m'arriver quoi que ce soit de méchant. Lorsque Éric se trouvait à mes côtés, nous pouvions rouler très longtemps dans une direction pour moi inconnue, je pouvais bien me retrouver en rase campagne ou au troisième sous-sol d'un parking, je n'ai jamais posé de question. À tout prendre, c'était moins étrange que s'il ne se passait rien. J'ai un mauvais souvenir du sous-sol d'un restaurant marocain, près de la place Maubert, un quartier inhabituel pour nous. Des banquettes et des tables basses étaient disposées sous la voûte du caveau où il faisait un peu froid. Nous y avons dîné seuls, moi dépoitraillée et retroussée. Quand le serveur ou celui que je pensais être le patron apportait des plats, Éric échancrait un peu plus mon chemisier, passait sa main avec insistance par-dessous ma jupe. Je me rappelle plus le regard des deux hommes sur moi, pesant et sans bienveillance,

170

que leurs attouchements brefs, ponctuels, à l'invitation muette de mon compagnon. C'est moi qui ai conclu l'attente en enfournant dans ma bouche le sexe d'Éric. Mon intention n'était-elle pas surtout de me détourner de l'attitude peu amène du personnel ? Nous avons quitté le restaurant sans terminer le repas. Manquait-il l'habituelle clientèle ? Éric connaissait-il bien l'endroit, n'avait-il pas surestimé l'accueil qu'on pouvait nous y réserver ? L'expectative avait été plus inquiétante que le surgissement dans quelque lieu incongru d'une troupe d'inconnus, toutes bites dehors. Avec Éric, je ne doutais pas que tout individu que nous rencontrions, en quelque circonstance que ce fût, pût, sur un imperceptible signe de lui, ouvrir mes cuisses et y glisser son membre. Je ne pensais pas qu'il puisse y avoir d'exception, comme si Éric eût été un passeur universel non pas pour me faire prendre pied sur une Terre promise mais pour que le monde pénètre, individu après individu, en moi. D'où mon trouble ce soir-là.

Dans ces zones incertaines où je rencontrais une population dont les appartenances sociales diverses étaient nivelées par l'égalitarisme sexuel, je n'ai jamais eu à redouter la moindre menace ou brutalité, j'y ai même été gratifiée d'une attention que je n'ai pas toujours rencontrée dans une classique relation duelle… Quant à « la peur du gendarme », elle n'existe tout simplement pas. D'une part, j'ai une confiance enfantine dans la maîtrise des événements par l'homme qui est près de moi, dans sa capacité à assurer notre sécurité – et, de fait, il n'y eut jamais d'incident. D'autre part, alors que je me sens couverte d'opprobre face à un contrôleur qui me réclame un peu vertement un billet que j'ai momentanément égaré, je n'aurais été que contrariée si j'avais été prise en flagrant délit d'exhibitionnisme sur la voie publique. Le corps découvert par le représentant de l'ordre n'aurait pas été plus que le corps pénétré par les inconnus du Bois, moins un corps habité qu'une coque dont je me serais retirée. Insouciance, inconscience qui tiennent aussi à la détermination et à la constance dont je suis capable dans l'acte, comme dans d'autres activités d'ailleurs, et qui n'est pas sans rapport avec cette dissociation de l'être que j'évoquais à l'instant : soit que la conscience s'annihile dans cette détermination, qu'elle ne permet plus de considérer l'acte avec distance, soit, tout à l'inverse, que, le corps livré à ses automatismes, la conscience s'échappe et perd toute relation avec cet acte. Dans ces moments-là, rien ne peut venir depuis l'extérieur déranger mon corps ni celui de mon partenaire, puisque rien n'existe en dehors de l'espace qu'ils occupent. Et cet espace est étroit ! Il est rare qu'on baise dans un lieu public en prenant ses aises. On se rétracte plutôt l'un dans l'autre.

Peu d'endroits sont autant qu'un musée restreints par des zones interdites : défense d'approcher les œuvres et accès multiples mais fermés au public. Le visiteur progresse avec le sentiment vague d'un monde parallèle au sien, qui lui reste invisible mais d'où on le surveille. Henri, un copain nommé Fred et moi avions donc profité d'une porte laissée exceptionnellement entrebâillée, au bout d'une gigantesque salle du musée d'Art moderne de la Ville de Paris, déserte à cet instant, pour nous glisser derrière une cloison mince qui cachait le capharnaüm d'une réserve installée là, je suppose, à titre provisoire. Nous ne nous sommes pas aventurés loin. L'espace était encombré ; surtout, nous nous sommes décidés vite,

172

sans réfléchir. Toujours est-il que je voyais le rai de lumière sur le sol, parce que nous avions laissé la porte telle quelle, tandis que je faisais l'arc-boutant entre les deux garçons. Au bout de quelques minutes, ils ont échangé leur place. Tous deux ont joui, l'un dans le con, l'autre dans la bouche. Je ne sais plus lequel suspendait par intermittence l'activité de sa queue pour, passant son bras sur mon ventre, me branler. Cela m'encouragea à le faire moi-même et à déclencher un orgasme alors que la queue détumescente séjournait encore dans mon con et que l'autre, dont j'avais dégluti le foutre, s'était dégagé pour me libérer d'une de mes amarres et me laisser mieux aller à mon plaisir. Cela suscita une petite discussion sur ma façon de me masturber. J'expliquai, croyant révéler une chose étonnante, que dans des conditions moins précaires j'aurais pu avoir deux ou trois orgasmes en chaîne. Ils se moquèrent de moi. Rien n'était plus fréquent chez une femme, prétendirent-ils, alors que nous rentrions sans hâte les pans de chemises dans les pantalons. Quand nous sommes retournés en plein jour, le musée était toujours aussi tranquille. Nous avons poursuivi la visite de l'exposition. J'allais et venais d'un tableau à l'autre, et d'Henri à Fred pour quelques commentaires, et cette visite était d'autant plus plaisante qu'elle était étoffée de la complicité qui dès lors me liait aux deux hommes aussi bien qu'au lieu.

Dans la réserve obscure, mon corps cassé en deux entre deux autres corps, mon regard plongeant le long des jambes d'aplomb, j'étais bien encadrée. Je suis persuadée que la limitation de mon champ de vision engendre de manière assez primitive la conjuration de tout ce qui pourrait me menacer, ou seulement me déranger, voire de ce que je n'ai pas envie de prendre en compte pour une raison ou pour une autre. Le corps de celui avec qui je suis fait obstacle, et ce qui se trouve au-delà et que je ne peux voir n'a pas d'existence réelle. Ainsi, dans la même position qu'au musée, cette fois au premier étage d'un magasin d'articles sado-maso du boulevard de Clichy – à nouveau dans une pièce servant d'entrepôt –, une joue appuyée sur le ventre d'Éric qui me soutient par les épaules tandis que le patron de la boutique fait venir par mouvements brusques mon arrière-train sur sa bite. Avant de prendre la position, j'observe que l'homme est très petit et râblé, que ses bras sont courts, mais dès qu'il disparaît de ma vue, sa personne se désintègre. C'est au point que je m'adresse à Éric et non directement à lui pour demander qu'il mette une capote anglaise avant de me pénétrer. La requête le perturbe, l'oblige à fouiller dans des cartons pour trouver l'objet ; il confie à voix basse qu'il craint l'arrivée de sa femme. Bien qu'il ait un sexe large qui doive forcer l'ouverture, il restera tout le temps dans des limbes. Une jeune fille à la mine réservée d'employée, vaguement renfrognée, assiste à la scène. De temps à autre, mon regard, de biais, croise le sien, noir, vraisemblablement cerné de khôl. Je me sens comme sur une scène de théâtre, séparée par un vide indistinct d'une spectatrice morne attendant une action qui tarde à venir. D'une certaine façon, en la rejoignant, mon regard revient sur moi et c'est moi-même que je finis par me représenter, mais uniquement la tête, le cou enfoncé entre les épaules, la joue écrasée sur le blouson d'Éric et légèrement griffée par la fermeture Éclair, la bouche bée, tandis que ce qui fait suite au-delà de ma taille appartient à une sorte d'arrière-fond. Les bourrades du nabot me parviennent aussi irréelles que le tumulte qui sourd de derrière les coulisses pour faire croire à une action lointaine.

Une autre fois, dans un sauna, c'est l'affectation d'une petite masseuse qui provoqua mon dédoublement. Les banquettes en lattes de bois, disposées en escalier, m'avaient obligée à me tourner en tous sens. Je m'étais alternativement penchée et haussée pour prendre dans la bouche des queues quémandeuses. Je transpire peu. J'étais donc restée sèche suffisamment longtemps pour être agrippée par l'un et par l'autre alors que je m'étais au contraire évertuée à retenir et diriger des morceaux de corps devenus, eux, visqueux. Jusque sous la douche, on m'avait agacé le clitoris, pincé les mamelons. Enfin, je m'étais allongée, endolorie, sur la table de massage. La fille parlait à voix basse en détachant ses phrases de la même façon qu'elle marquait un temps pour talquer ses mains entre chaque série de gestes. Elle compatissait à ma fatigue. Dans ces cas-là, n'est-ce pas, rien ne remplace un bain de vapeur suivi d'un bon massage ! Elle feignait d'ignorer à quelle sorte d'épreuves je venais de soumettre mon corps, et elle s'adressait à moi, égale à l'esthéticienne qui accorde son attention à la fois professionnelle et maternelle à la femme active et moderne qui vient se livrer à elle sans pudeur. J'ai toujours aimé, surtout dans ces circonstances, me couler dans un rôle, et je donnais la réplique à la masseuse, m'alanguissant plus dans ce conformisme que sous le travail de ses doigts. Je m'amusais de la sentir malaxer des muscles qui quelques minutes plus tôt subissaient des pressions plus lubriques. Elle aussi m'apparaissait lointaine. Des mues successives m'en séparaient. Elle s'emparait d'un déguisement que notre conversation fabriquait au fur

175

et à mesure, mais sous ce déguisement il y avait la peau où ses effleurements en recouvraient d'autres, et cette peau je la lui abandonnais également volontiers, comme une défroque. Après tout, je n'étais pas plus la petite bourgeoise débauchée pour qui elle devait me prendre que celle, bon teint, que nous inventions. À ma connaissance, ce soir-là, nous n'étions que deux femmes dans l'établissement, mais je me pensais dans l'espace actif des hommes – et, d'une certaine façon, ceux-ci continuaient de faire cercle autour de moi –, tandis que je la percevais dans un espace féminin passif, qu'elle occupait en tant qu'observatrice, et les deux étaient séparés par une brèche infranchissable.

Enfin, la sélection opérée par mon regard est redoublée par la très sûre protection du regard de l'autre, par le voile dont il me recouvre qui, bien sûr, est tout à la fois opaque et transparent. Jacques ne choisit pas spécialement les endroits les plus fréquentés pour prendre des photographies de moi nue – il ne m'exhibera jamais que dans un geste spéculaire – mais il a une prédilection pour les lieux de passage et surtout pour le caractère transitoire des objets du décor (carcasses de voitures abandonnées, matériaux meubles, ruines...), ce qui nous a conduits là où on fait usage de ces objets. Nous sommes prudents. Je porte toujours une robe facile à reboutonner. Dans la gare frontière de Port-Bou, nous attendons que le quai se vide. Il y a bien un train en partance, mais deux ou trois quais plus loin. Les voyageurs sont de toute façon trop affairés pour nous prêter attention, et nous nous assurons que les trois ou quatre douaniers continuent de discuter entre eux. Jacques est dans le contre-jour et je distingue mal les signes qu'il m'adresse. J'avance vers lui, la robe ouverte de haut en bas. L'assurance me vient en marchant. Hypnotisée par le papillotage de la silhouette qui m'attend au bout, j'ai l'impression de creuser une galerie au fur et à mesure, d'ouvrir dans l'air chargé d'âcreté un long espace pas plus large que l'écartement de mes bras ballants. Chaque déclic confirme l'impunité de ma progression. En bout de course, je m'appuie contre le mur. Jacques prendra encore quelques clichés. Nonchalance autorisée lorsque l'espace est derrière moi. Euphorie de la conquête : nous n'avons pas été plus dérangés dans le tunnel qui relie les quais entre eux, ni dans le grand hall vide et sonore, ni sur la petite terrasse envahie de chats et ornée d'une fontaine, et où débouche l'une des sorties de la gare.

La seconde séance de poses de la journée s'est déroulée dans le cimetière marin, dans les allées qui longent les alvéoles disposés sur plusieurs étages, sur la tombe de Benjamin, et dans un jeu de cache-cache avec deux ou trois femmes à la démarche lente. Il m'apparaît évident d'être nue dans le vent de la mer et avec les morts. Mais j'éprouve une incertitude à me tenir dans un espace ambigu, à la fois ouvert et privé de profondeur, entre l'horizon et le cadre de l'objectif. Ce n'est pas la balustrade qui me retient au bord du vide, c'est le regard qui tour à tour me suit et me conduit et déroule entre lui et moi un cordon d'amarrage. Quand je fais face à la mer, que je tourne le dos à l'appareil photographique, que je ne peux plus apprécier la distance à laquelle il se trouve, alors cet objectif adhère telle une ventouse sur mes épaules et mes reins.

Après dîner, nous revenons vers la voiture garée près du cimetière. Maintenant, nous profitons du soir et d'un frotti-frotta, croupe contre braguette. Mes déshabillages répétés réclament une surenchère ; n'ayant pas cessé de déboutonner et d'ôter, je voudrais encore m'ouvrir largement. Je suis à demi couchée sur le capot et mon con se prépare à gober la verge toute prête quand des aboiements stridents agressent mes oreilles. Le halo de l'unique réverbère est traversé par l'ombre affolée d'un petit chien, suivie par un homme qui arrive en clopinant. Bref moment de confusion : je rabats la jupe de ma robe, Jacques remballe tant bien que mal ses parties rendues récalcitrantes. Tout en continuant de le caresser à travers l'épaisseur du pantalon, j'insiste pour que nous avisions en fonction de la direction que va prendre l'homme qui, comme un fait exprès, fait les cent pas et nous regarde de biais. Jacques décide qu'il est préférable de rentrer. Dans la voiture, paniquée comme je le suis lorsque la frustration est trop grande, je suis prise d'une crise de rage. Aux remarques prudentes de Jacques, je réponds que le type serait peut-être venu se joindre à nous. Le désir exaspéré est un dictateur naïf qui ne croit pas qu'on puisse ni s'opposer à lui ni même le contrarier. N'ai-je pas non plus l'impression d'être lâchée par cette attention extrême qui m'a accompagnée et protégée toute la journée et qui constituait en quelque sorte mon lien au monde ? La colère naît d'un sentiment d'impuissance. Lorsque mon envie d'être pénétrée est empêchée, je suis tiraillée entre ces deux états contradictoires : d'un côté, une incrédulité qui m'empêche de comprendre les causes – aussi raisonnables soient-elles – pour lesquelles les autres ne répondent pas à mon impérieuse attente ; de l'autre côté, une incapacité tout aussi imbécile à forcer leur résistance – aussi circonstancielle, ou formelle, ou fragile soit-elle –, c'est-à-dire à prendre l'initiative d'un geste de séduction, ou de provocation, qui les ferait changer d'avis. Je m'obstine, je m'épuise dans l'attente d'une initiative que l'autre devrait prendre et qu'il ne prendra peut-être pas. Combien de fois ne m'est-il pas arrivé d'en vouloir à Jacques lorsque cette envie me prenait au milieu d'une activité ordinaire, ménagère par exemple, que je n'en laissais rien paraître, et que d'une certaine façon je lui reprochais de ne pas lire dans les circonvolutions de mon cerveau où ma libido prend sa source ? Si l'on veut bien me pardonner un rapprochement avec un état sans commune mesure avec ces caprices, j'évoquerais celui de ces êtres privés, de naissance ou à la suite d'un accident, de l'usage de leurs membres et de celui de la parole, mais dont ni l'intelligence ni le besoin de communiquer ne sont altérés. Ils dépendent entièrement de ce que leur entourage inventera pour briser leur isolement. On dit que cet entourage peut y réussir partiellement en portant une attention extrême à d'infimes signes du malade, tel un clignement de paupière, ou encore par de patients massages qui réveilleront sa sensibilité. L'insatisfaction sexuelle me plonge dans ce que j'appellerai un autisme bénin qui me fait entièrement dépendre d'un regard désirant et des caresses dont on voudra bien me couvrir. À cette condition, l'angoisse se dissipe et je peux reprendre place dans un milieu qui cesse d'être hostile.

Sur le chemin du retour, je réclame qu'on s'arrête sur un bas-côté. Mais ma fureur ne fait qu'augmenter car nous sommes engagés sur une voie express où la chose n'est guère possible. Alors je m'abstrais de la route et de la voiture. Je concentre mon attention sur mon pubis que je pousse en avant et je m'absorbe dans la caresse lente et circulaire de l'espèce de petit animal gluant qui s'y loge. De temps à autre, les phares des autres voitures font émerger mon ventre lisse comme un vase.

Dans quel mirage est-ce que je m'enfonce à ce moment-là ? Sûrement pas dans un enchaînement de faits à partir de ce qui est resté en suspens quelques minutes plus tôt. Cette affaire-là est liquidée. Non, je préfère me réfugier dans un de mes vieux et sécurisants scénarios, très loin de là où je me trouve dans la réalité. Dans un effort d'imagination intense, soutenu, je construis par le menu la scène, par exemple celle au cours de laquelle je suis mise en pièces par une quantité de mains palpeuses, dans un terrain vague ou dans les toilettes d'un cinéma malfamé – je ne me souviens plus très bien. Lorsque Jacques, sans quitter la route des yeux, étend son bras et trace de larges mouvements aveugles sur ma poitrine et mon ventre, et lorsqu'il enfonce sa main pour disputer à la mienne son jouet trempé, il perturbe le bon déroulement de ce scénario. Je me retiens de l'en empêcher.

À l'entrée de Perpignan, Jacques gare la voiture sur un parking vide et très éclairé, au pied d'un immeuble de type HLM. Pour se rapprocher de moi, et à cause de l'écartement entre les sièges, il jette son buste en avant à la manière d'une figure de gargouille. Sa tête entre dans mon champ de vision et fait éclipse. Il me branle de trois ou quatre doigts vigoureux. Cela me plaît d'entendre le clapotement des grandes lèvres inondées ; le bruit franc me réveille de mes fantasmes. Ce n'est jamais d'emblée, ni aisément, que j'étire mon corps pour l'offrir à des caresses. Avant que je me laisse aller à écarter largement les cuisses, à renverser la tête et à ouvrir les bras pour bomber la poitrine, il me faut du temps. Le temps peut-être de me dégager de la position réflexe en chien de fusil qui s'est imprimée à mon corps lorsque, petite fille, je dissimulais la masturbation, le temps d'accepter toujours et encore, et même après avoir évolué des heures devant un appareil photographique, de montrer mon corps d'un coup, dans son entier. Ce n'est pas la nudité que je crains – au contraire –, c'est l'instantané de la révélation. Et c'est encore moins que j'hésite à me livrer aux autres – bien au contraire ! –, c'est que je ne sais pas bien quitter mon regard intérieur pour me voir moi-même. Il me faut précisément en passer par le regard de l'autre. Je ne sais pas dire : « Tiens, regarde ! » J'attends plutôt qu'on me dise, non sans précaution : « Regarde comme je te regarde... » Je laisse faire Jacques. Mais comme décidément je me suis réfugiée loin au fond de moi-même, je dois, pour revenir dans la réalité, en passer par une sorte d'état fœtal. Je me recroqueville pour happer le membre durci et sentir sous mes lèvres son enveloppe tendre qui glisse sur son axe. Je peux si bien me mobiliser dans cet acte que je pourrais prétendre être totalement remplie, tout mon corps enfilé et tenu comme un gant.

Sur une série de photographies prises par un photographe américain qui en publia certaines, des années plus tard, dans la revue *On Seeing*, on me voit – je me vois aujourd'hui – d'abord debout comme une somnambule fragile – on dirait que je tangue –, près d'un couple en train de forniquer sur un matelas. Il fait sombre, il semble que je sois habillée tout en noir, l'éclairage ne tombe que sur les genoux de la fille et la plante des pieds du garçon. Sur d'autres clichés, je suis assise à côté du couple, pliée en deux ; on devine, sous la chevelure qui retombe, ma tête coincée entre une cuisse de la fille et le bassin du garçon. D'une main, je force un peu l'écartement de la cuisse. Je dois être en train d'essayer

181

de lécher ce que je peux attraper de leurs sexes accolés. De quoi ai-je l'air ? D'un ouvrier appliqué – plombier, tapissier, garagiste – examinant les parties où il doit intervenir ; d'un enfant qui a laissé rouler son jouet sous le lit et qui scrute le trou noir pour le retrouver ; d'un coureur épuisé qui vient de s'asseoir et laisse choir son buste avant de reprendre haleine. À l'effort que je fournis pour rentrer mon corps dans l'intervalle entre les deux autres corps, et l'on pourrait croire que je veux le rentrer tout entier, je peux dire que correspond une extrême concentration mentale.

4. Détails

J'aime beaucoup sucer le sexe des hommes. J'y ai été initiée quasiment en même temps que j'ai appris à diriger le gland décalotté vers l'autre entrée, la souterraine. Dans ma naïveté, j'ai d'abord cru qu'un pompier était un acte sexuel déviant. Je m'entends encore expliquer la chose à une copine, dubitative et légèrement dégoûtée, moi affectant l'indifférence, en réalité assez fière de ma découverte et de mon aptitude à y faire face. Cette aptitude est bien difficile à expliquer car, au-delà d'un quelconque vestige du stade oral, et avant la crânerie mise dans l'accomplissement d'un acte qu'on croit anormal, il y a une obscure identification au membre que l'on s'approprie. La connaissance que l'on acquiert, à travers l'exploration menée simultanément du bout des doigts et de la langue, des moindres détails de son relief comme de ses plus infimes réactions, est peut-être supérieure à la connaissance qu'en a son propriétaire même. Il en résulte un ineffable sentiment de maîtrise : une minuscule vibration du bout de la langue, et voilà qu'on déclenche une réponse démesurée. À cela s'ajoute que prendre à pleine bouche procure plus nettement l'impression d'être remplie que lorsque c'est le vagin qui est occupé. La sensation vaginale est diffuse, rayonnante,

185

l'occupant semble s'y fondre, tandis que l'on peut tout à fait distinguer les doux attouchements du gland à l'extérieur ou à l'intérieur des lèvres, sur la langue et sur le palais et jusque dans la gorge. Sans parler du fait que, dans la phase finale, on goûte le sperme. Bref, on est aussi subtilement sollicité que l'on sollicite soi-même. Reste le mystère, pour moi, de la transmission de l'orifice supérieur à l'orifice inférieur. Comment se fait-il que l'effet de la succion soit ressenti à l'autre extrémité du corps, que le resserrement des lèvres autour du pénis mette en place un bracelet extraordinairement dur à l'entrée du vagin ? Lorsque la fellation est bien menée, que je prends mon temps, avec le loisir de réajuster ma position, de varier le rythme, alors je sens venir d'une source qui n'a pas de lieu dans mon corps une impatience qui afflue et concentre une immense énergie musculaire là, à cet endroit dont je n'ai qu'une image imprécise, au bord de ce gouffre qui m'ouvre démesurément. Orifice d'un tonneau qu'on cerclerait. Lorsque l'anneau se forge par contamination de l'excitation du clitoris voisin, je peux comprendre. Mais lorsque l'ordre vient de l'appareil buccal ! L'explication est sans aucun doute à chercher dans un détour mental. J'ai beau avoir la plupart du temps les paupières baissées, mes yeux sont si proches du minutieux travail que je le *vois* néanmoins et l'image que je recueille est un puissant activateur du désir. Le fantasme est peut-être aussi qu'à l'arrière des yeux, le cerveau aurait une intelligence ins-tantanée et parfaite de l'objet qui le touche presque ! Je vois d'abord mes propres arrangements sur lesquels je règle ma respiration : l'étui flexible de ma main, mes lèvres repliées par-dessus mes dents pour ne pas bles-ser, ma langue qui jette une caresse au gland lorsqu'il s'approche. J'évalue visuellement leur parcours, toute la main qui accompagne les lèvres, parfois avec un léger mouvement tournant, et resserre la pression au niveau du gros bourgeon terminal. Puis la main tout à coup se désolidarise pour branler vivement, de deux doigts seulement formant tenaille, et agite la soyeuse extrémité sur le coussinet des lèvres refermées dans un baiser. Jacques laisse toujours échapper le « ha ! » clair et bref d'un ravissement par surprise (alors même qu'il connaît parfaitement la manœuvre), et qui redouble ma propre excitation, lorsque la main lâche prise pour laisser la verge s'engouffrer totalement, jusqu'à toucher le fond de la gorge. J'essaie de la garder là quelques instants, et même d'en promener l'arrondi au fin fond du palais, jusqu'à ce que les larmes me viennent aux yeux, jusqu'à suffoquer. Ou alors, et pour ça il faut avoir le corps entier bien d'aplomb, j'immobilise le moyeu, et c'est toute ma tête qui gravite autour, et je distribue des caresses des joues, du menton mouillé de salive, du front et des cheveux, et même du bout du nez. Je lèche d'une langue prodigue, jusqu'aux couilles qui se gobent si bien. Mouvements entrecoupés de stations plus longues sur le gland où la pointe de la langue décrit des cercles, à moins qu'elle ne s'adonne à des agaceries sur l'ourlet du prépuce. Et puis, hop ! Sans prévenir, je ravale tout et j'entends le cri qui transmet son onde à l'armature forgée à l'entrée de mon con.

Si je me laissais aller à la facilité, je pourrais en écrire des pages, d'autant que la seule évocation de ce travail de fourmi déclenche déjà les premiers signaux de l'excitation. Il y aurait peut-être même une lointaine correspondance entre ma façon de peaufiner un pompier et le soin que j'apporte, dans l'écriture, à toute description.

Je me bornerai à ajouter que j'aime aussi abandonner la fonction de conductrice. J'aime qu'on m'immobilise la tête entre deux mains fermes et qu'on baise dans ma bouche comme on baiserait dans mon con. En général, j'éprouve le besoin de prendre dans la bouche dans les premiers moments du rapport, histoire de fouetter les quelques millilitres de sang qui produisent l'érection. Soit que nous sommes debout et que je me laisse couler aux pieds de mon partenaire, soit que nous sommes couchés et que je me précipite sous le drap. Comme dans un jeu : je vais chercher dans le noir l'objet de ma convoitise. D'ailleurs, j'ai bêtement, dans ces moments-là, des paroles d'enfant gourmand. Je réclame « ma grosse sucette », et cela me réjouit. Et quand je relève la tête, parce qu'il faut bien que je détende les muscles aspirés vers l'intérieur de mes joues, je m'en tiens au « hum…, c'est bon ! » de celui qui fait croire au contente-ment de ses papilles quand il s'occupe surtout à se gaver. De même, je reçois les compliments avec la vanité du bon élève le jour de la distribution des prix. Rien ne m'encourage plus que de m'entendre dire que je suis « la meilleure des suceuses ». Mieux : quand, dans la perspective de ce livre, j'interroge un ami vingt-cinq ans après avoir cessé toute relation sexuelle avec lui, et que je m'entends dire qu'il n'a depuis « jamais rencon-tré une autre fille qui faisait aussi bien les pipes », je baisse les yeux, d'une certaine façon par pudeur, mais aussi pour couver ma fierté. Ce n'est pas que j'aie été privée d'autres gratifications dans ma vie personnelle ou dans ma vie professionnelle, mais, à ce qu'il me semble, il y aurait un équilibre à maintenir entre l'acquisition des qualités morales et intellectuelles qui attirent l'es-time des semblables, et une excellence proportionnelle dans des pratiques qui font fi de ces qualités, qui les balaient, les nient. On peut faire preuve de cette capacité à un point tel qu'on acceptera de voir l'admiration qu'elle suscite se retourner en moquerie. Éric faillit un soir mettre sa main sur la figure d'un beauf rencontré dans cette boîte qui s'appelait Cléopâtre. Comme je réclamais à boire, l'imbécile, incapable d'estimer mon ardeur comme il convenait, déclara qu'en effet il était temps, parce que ça commençait « à sentir le caoutchouc brûlé ».

Le corps en pièces

Si chacun de nous dessinait son propre corps sous la dictée de son regard intérieur, on obtiendrait une belle galerie de monstres ! Je serais, moi, hydrocéphale et callipyge, les deux protubérances reliées par un inconsistant bras de mollusque (j'ai du mal à faire exister ma poitrine), le tout posé sur deux poteaux qui entravent mes mouvements plus qu'ils ne les facilitent (j'ai longtemps été complexée par mes jambes dont Robert disait, sans méchanceté, qu'elles ressemblaient à celles de la petite fille du chocolat Meunier). Peut-être est-ce ma nature cérébrale qui m'a conduite à accorder une priorité aux organes situés dans la tête, aux yeux, à la bouche. Il a pu même y avoir une relation compensatoire entre eux. Lorsque j'étais toute petite, on me complimentait sur mes grands yeux ; comme ils étaient d'un marron foncé, ils se remarquaient. Puis j'ai grandi, mes yeux ont pris proportionnellement moins d'importance dans mon visage et ce fut une grande blessure narcissique que de constater, à l'adolescence, qu'on n'en faisait plus si grand cas. Alors j'ai reporté sur la bouche, que je trouvais plutôt bien dessinée, un possible pouvoir d'attraction. Et j'ai appris à l'ouvrir grande, en même temps que je fermais les yeux, du moins dans certaines circonstances, tandis que se développait dans une représentation fantasmatique de moi-même mon derrière, rotondité d'autant plus accentuée que la taille est marquée. Ce derrière que je projette toujours plus dans l'inconnu de l'*outback* (c'est l'expression qu'utilisent les Australiens pour désigner le désert qu'ils ont dans le dos), c'est-à-dire que je ne peux pas voir pour de bon. Jacques m'offrit un jour une carte postale reproduisant une esquisse de Picasso pour *Les Demoiselles d'Avignon* : une femme de dos, le torse en forme de triangle isocèle, deux fesses rebondies sur deux bons jambonneaux. Mon portrait, prétendit-il.

Mon derrière, autre face de moi-même. Claude disait que j'avais « une tête pas terrible, mais quel cul ! ». J'aime que Jacques, dans l'action, désigne indifféremment du nom de cul toute la partie basse de ma personne qu'il pénètre, et qu'il accompagne les déclarations d'amour qu'il lui adresse de claques franches sur les fesses. Je ne néglige pas de le solliciter. « Branle-moi le cul » est une de mes plus fréquentes demandes. En réponse, il saisit tour à tour mes fesses et secoue leur masse plastique aussi rudement que s'il barattait deux montagnes de crème. S'il termine le travail en glissant par l'arrière ses doigts joints en forme de tête de canard, pour en ouvrir le bec, c'est-à-dire desserrer ses doigts, dans l'étroit couloir qui mène de la raie des fesses à l'embrasure du con, à ce moment-là je n'en peux plus d'attendre la queue.

Une fois mise, je peux faire preuve à mon tour d'une

activité frénétique. Que je sois à quatre pattes ou couchée sur le côté, je fais jouer énergiquement l'articulation de la taille, et la répercussion de mes coups de reins vigoureux et réguliers entraîne le télescopage fantasmatique de ma bouche et de mon sexe. J'interroge pour savoir si je lui « suce » bien la queue avec mon con. « Est-ce que je vais bien aspirer tout ton foutre ? » Pour m'encourager, une réponse simple suffit, celle qui accole mon nom à cette partie dans laquelle je me ramasse tout entière : « Oh, Catherine ! Ton cul, ton cul… » Savoir qu'on examine attentivement ce que je ne peux pas voir est tout aussi tonique. Plutôt que la pleine lumière, un jet de lumière focalisé, comme celui d'une lampe de chevet orientable, est préférable. Il m'arrive de suggérer l'emploi d'une lampe de poche. D'un coup d'œil vers l'arrière, j'attrape le regard de celui qui scrute la fente entre les fesses pour assister à la disparition de son précieux appendice. Surtout, je compte sur la description qu'il me fournit, aussi littérale, fruste soit-elle. « Tu le vois bien mon cul ? – Ah oui, il est beau, tu sais. Il me bouffe bien la queue. Ah, mais le salaud, il en veut encore… » Moi-même, lorsqu'un miroir se trouve à proximité, je surveille, en me plaçant de profil, l'immersion et l'émersion de ce qui ressemble à un bois flottant pris dans la houle. À cause de cette prédilection pour les sensations éprouvées au niveau de la croupe, la position en levrette a longtemps été ma préférée, jusqu'à ce que je finisse par m'avouer – on finit toujours par être sexuellement honnête vis-à-vis de soi-même, mais bien sûr cela peut prendre beaucoup de temps – que, si elle permettait à la verge de frapper loin et fort, ce n'était pourtant pas ce mode de pénétration qui me contentait le mieux. Autrement dit, après être allée, avec mes reins, à l'assaut de la bite, et après avoir, en alternance, été enfilée et secouée comme le chiffon d'un polisseur, j'aime être retournée et plantée classiquement.

Ce plaisir pris à exposer mon postérieur ne date pas d'hier. À l'âge de six ou sept ans, je le découvrais à l'attention de mon frère dans un jeu qui reprenait en partie le procédé utilisé pour me masturber. À savoir que, la jupe retroussée, je froissais ma culotte dans ma raie jusque dans l'entrecuisse et je rejetais au maximum mes fesses vers l'extérieur du petit banc où j'étais assise. J'attendais ainsi que le bambin passe dans mon dos. L'amusement venait du fait que nous faisions semblant, moi de m'être découverte par étourderie, lui d'effleurer mes fesses par inadvertance.

Il faut croire qu'on donne les caresses comme on les reçoit parce que j'ai toujours répondu avec empressement à l'attente des hommes qui étaient eux-mêmes sensibles du cul. J'ai parlé de cet ami qui se présentait lui-même en levrette et que je branlais jusqu'à ce que mon bras et mon épaule se paralysent de douleur. Un autre, sans prévenir, colla un jour ses fesses sur mon nez. C'était au début de notre relation, il se comportait avec pudeur, j'avais dû vaincre ses résistances pour entreprendre une fellation. Mais à peine l'eus-je gobé que, le corps raide, il fit un demi-tour sur lui-même et me présenta, à ma surprise, deux fesses résolues. Il me fut plus facile d'atteindre son trou du cul que son gland. Toutefois, quand je me relevai, je lui trouvai, me sembla-t-il, la même figure sévère, presque réprobatrice, qu'il avait affichée lorsque je l'avais d'abord introduit dans ma bouche. Par la suite, je devais prendre l'habitude d'explorer le corps de cet homme jusque dans ses plus infimes parties ; jamais je n'ai autant léché, embrassé, mordillé quelqu'un, depuis le lobe de son oreille jusqu'à l'instable attache des testicules, en passant par les délicates dépressions de l'aisselle, de la saignée du bras, du pli de l'aine. Il s'agissait de l'occupation systématique d'un territoire où je posais mes marques sous la forme de petits crachats jetés de la hauteur de quelques centimètres pour que la salive ait le temps de s'effiler, limpide et pourtant signe d'une salissure.

Est-ce parce qu'on s'est moins intéressé à ma poitrine qu'elle est d'une nature plus lymphatique, et est-ce parce que je ne pense pas à l'offrir spontanément à la vue et aux caresses que je trouve fastidieux de devoir exciter les tétons de mon partenaire ? Beaucoup d'hommes réclament qu'on leur « fasse les seins » et même attendent, en guise de cajoleries, pincements et morsures sur ces zones délicates. Régulièrement, je me suis entendu reprocher de ne pas pincer assez fort alors que j'avais mal à la main à force de rouler entre les doigts, tout en les serrant au maximum, les mamelons. Outre que, dans le champ de mes pulsions, la pulsion sadique est la moins développée de toutes, je n'arrive pas à trouver en moi la résonance du plaisir ainsi provoqué. Pour mon compte, je préfère qu'on enveloppe d'un geste large, par effleurements, toute ma poitrine, ce qui est plus agréable encore pendant la période du cycle où mes seins sont un peu plus lourds car alors je les sens trembloter doucement. Je n'aime ni qu'on presse ni qu'on pince. L'agacement de mes mamelons, je me le réserve, surtout pour ressentir leur dureté, leur rugosité, sous mes paumes lisses. Mais, dans l'intimité de moi-même, je me procure la sensation d'un contraste encore plus vif : accroupie ou en chien de fusil, je frotte mes seins avec mes cuisses, et cette caresse est confondante ; il semble que mes cuisses me sont étrangères, qu'elles ne m'appartiennent pas, que leur caresse me vient de l'extérieur, et je fonds, chaque fois surprise par le velours de leur peau.

À propos de la recherche de ce contraste entre le rêche et le doux, le souvenir me revient d'une de mes toutes premières émotions érotiques, vécue en tant que telle. On nous envoyait, mon frère et moi, passer des vacances chez des amis de mon père dont les nombreux petits-enfants étaient nos compagnons de jeu. Un jour, le grand-père, souffrant, dut s'aliter et j'allais lui rendre visite dans sa chambre. Comme j'étais assise sur le rebord du lit, il commença à me détailler la figure. Promenant ses doigts, il nota que j'avais l'angle des mâchoires d'une grande finesse mais, parvenu à la hauteur du cou, diagnostiqua que j'aurais à craindre, plus tard, un goitre. Ces observations contradictoires me perturbèrent. Puis, passant sa main sous mon chemisier, il effleura des seins qui pointaient à peine. Et comme je restais le buste immobile, coite, il dit que, lorsque je serais devenue une femme, j'éprouverais beaucoup de plaisir lorsqu'on me caresserait ainsi « les nichons ». Je ne bougeai pas plus, seulement la tête peut-être, que je tournai en direction du mur, comme si je n'entendais pas ce qu'on était en train de me dire. Les callosités de la grosse main accrochaient ma peau. Pour la première fois, je pris conscience du raidissement du mamelon. J'écoutai la prédiction. J'étais portée tout à coup sur le seuil de ma vie de femme et j'en retirai de la fierté. Un enfant forge son pouvoir dans l'énigme de sa vie future. Aussi, bien que décontenancée par un geste pour lequel je n'avais pas encore de réponse toute faite, je plongeai à nouveau le regard vers cet homme qui était couché, que j'aimais bien. Il m'inspirait de la pitié parce que sa femme était impotente, obèse, les jambes couvertes de plaies suintantes dont, matin et soir, il changeait méticuleusement les pansements. En même temps, sa face grisâtre, son nez grumeleux me donnaient envie de rire. Je me dégageai doucement.

Le soir, dans le lit que je partageais avec une de ses petites-filles, je racontai l'épisode. Il lui était arrivé de la toucher elle aussi. Nous parlions en nous regardant droit dans les yeux pour mesurer dans le regard de l'autre l'ampleur de notre découverte. Nous nous doutions bien que le grand-père faisait là quelque chose qui n'était pas permis, mais le secret qu'il nous conduisait à partager avait bien plus de valeur qu'une morale dont le sens ne nous était, de toute façon, pas plus clair. Une fois que j'avais voulu, là aussi avec fierté, presque par bravade, parler de mes masturbations au confessionnal, la réaction du prêtre avait été si décevante – il n'avait fait aucun commentaire et m'avait collé comme d'habitude quelques *Ave* et quelques *Pater* à réciter – que je n'avais plus considéré ce prêtre qu'avec mépris. Alors, lui raconter que j'avais été troublée parce qu'un vieux monsieur avait posé sa main sur mes seins !

Si je vois le regard d'un homme s'arrêter ne serait-ce qu'une demi-seconde là où je suppose aussitôt, par déduction, que mon soutien-gorge tiraille la boutonnière de mon chemisier, ou, plus généralement, si je m'adresse à un interlocuteur dont les yeux posés fixement sur moi suivent de toute évidence une autre pensée que celle que je suis en train de lui exposer, je me réfugie toujours exactement dans le même comportement modeste que lors de ce premier examen par le grand-père. Pour cette raison, on ne trouvera dans mon placard ni robe à décolleté plongeant ni aucun vêtement très moulant. Cette pudeur va jusqu'à s'étendre à mon entourage. Assise sur le canapé d'un salon, à côté d'une femme indécente, j'aurai le réflexe de tirer sur l'ourlet de ma jupe et de rentrer la poitrine. Dans ces circonstances, mon malaise vient autant de l'impression que c'est, par glissement, ma propre anatomie qu'elle dévoile, que de cette tendance qui est la mienne, décrite plus haut, à radicaliser sans attendre les contacts sexuels ; autrement dit, en me rajustant, je me retiens de fourrer ma main entre les deux mamelles à moitié découvertes, et de les découvrir en entier. Pourtant, pendant très longtemps, je n'ai moi-même porté aucun sous-vêtement. J'ai oublié la raison pour laquelle j'en avais abandonné l'usage. Ce n'était sûrement pas pour suivre le mot d'ordre féministe qui voulait qu'on jette le soutien-gorge aux orties, parce que je n'ai jamais adhéré à cette philosophie, mais c'était peut-être quand même dans le même esprit de ne pas recourir à un accessoire de séduction. Bien entendu, le résultat pouvait être inverse, la poitrine qui se devine libre sous le vêtement est aussi aguicheuse que celle mise en valeur par une armature, mais elle l'est « naturellement ». Au moins, je croyais me garantir contre le soupçon que j'aurais pu avoir une quelconque stratégie conquérante. De la même façon, je faisais l'impasse sur la culotte. Pendant combien d'années n'ai-je pas dû m'astreindre à nettoyer chaque soir, par hygiène, l'entrejambe du pantalon porté dans la journée, alors qu'il eût été plus rapide de mettre une culotte dans la machine à laver ? Je trouvais au contraire plus simple d'enfiler directement sur la peau tous les autres vêtements. Explicitement, cela m'était dicté par un certain minimalisme, presque un fonctionnalisme : le principe selon lequel un corps libre n'a pas à s'embarrasser d'ornements, encore une fois qu'il est prêt sans qu'il faille en passer par des préliminaires, déploiement de dentelle ou manipulation des agrafes du soutien-gorge. En résumé, je ne supporte pas bien le regard du dragueur qui déshabille du regard mais, tant qu'à faire de se déshabiller pour de bon, autant que ce soit d'un seul geste.

Quelle route contrastée que celle qui est suivie par le regard subjectif ! Comme sur une route de montagne entrecoupée de tunnels, on passe sans cesse et brutalement de l'obscurité à la lumière et de la lumière à l'obscurité. Me voici en train d'expliquer que je préfère tenir couvert ce qu'il est tout à fait dans l'usage de dénuder, alors que dans ces pages mêmes je fais étalage d'une intimité que la plupart des gens tiennent secrète. Il va de soi qu'à l'instar de la psychanalyse qui vous aide à abandonner en chemin quelques défroques de vous-même, écrire un livre à la première personne relègue celle-ci au rang de troisième personne. Plus je détaille mon corps et mes actes, plus je me détache de moi-même. Qui se reconnaît dans ces miroirs grossissants qui montrent les joues et le nez comme de vastes terres crevassées ? Il arrive que la jouissance sexuelle, parce que, comme on dit, elle vous fait sortir de vous-même, instaure le même type de distance. Peut-être même la relation est-elle structurelle et la distance commande-t-elle la jouissance autant qu'elle est commandée par elle, du moins pour une catégorie d'êtres à laquelle j'appartiens. Car, et c'est le point où je voulais en venir, celle que j'ai décrite gênée par un regard insistant, hésitant à arborer un vêtement suggestif, la même d'ailleurs qui s'engageait à l'aveugle dans des aventures sexuelles où les partenaires n'avaient pas de visage, la même, donc, prend un plaisir incontestable à s'exposer, à condition que cette exposition soit d'emblée distanciée, objet d'une opération spéculaire, d'un récit.

En la matière, l'image et le langage sont complices. S'il est tellement aiguillonnant de mesurer dans un miroir, au centimètre près, la quantité de chair que sa propre chair peut avaler, c'est parce que le spectacle est aussi prétexte à commentaires. « Hou là ! Comme elle glisse bien, comme elle va loin ! – Attends, je vais la laisser sur le bord pour que tu la voies bien, je te bourrerai après… » Une forme de dialogue que nous adoptons volontiers, Jacques et moi, se caractérise par son mode purement factuel. Si le vocabulaire est cru, et limité, c'est moins pour se provoquer l'un l'autre dans une surenchère obscène que par souci d'être exact dans la description. « Tu sens comme c'est mouillé ? C'est trempé jusque sur les cuisses, et le petit clito est tout gonflé. – Ce cul, qu'est-ce qu'il gigote bien ! Il la veut la queue hein ? Il la veut. – Oui, mais avant je voudrais encore promener le gland sur le petit clito. Je peux te branler dessus ? – Oui, et après on va bien bourriquer le cul ! – C'est bien… Et toi, ça lui fait du bien à ta queue ? – Oui, ça lui fait du bien. – Ça tire bien les couilles aussi ? – Oui, ça pompe bien les couilles. Ah, ça ! Mais on va le foutre encore un bon coup ce con ! » Et l'échange se poursuit, sur un ton qui demeure, même lorsqu'on s'approche de la conclusion, assez posé. Dans la mesure où nous ne voyons ni ne ressentons la même chose en même temps, chacun s'adresse à l'autre dans le dessein, en quelque sorte, de compléter son information. On pourrait dire aussi que nous sommes comme deux doubleurs, le regard rivé sur l'écran où ils suivent l'action des personnages auxquels ils prêtent leur voix : nous relayons par nos paroles ces protagonistes d'un film porno qui se déroule sous nos yeux et qui sont Cul, Con, Couilles et Queue.

Le récit met les corps en pièces, satisfaisant la nécessité de les réifier, de les instrumentaliser. La célèbre scène dans *Le Mépris* de Godard où Piccoli parcourt, mot à mot, le corps de Bardot, est une belle transposition de ce va-et-vient entre vision et parole, celle-ci ne cessant d'encourager à se focaliser sur des morceaux de corps. Combien de fois ne s'exclame-t-on pas « regarde ! » lorsque l'on baise. Bien sûr, on a tout loisir de profiter alors d'une vision rapprochée, mais il arrive aussi que, pour bien voir, il faille prendre du recul, ainsi qu'on le fait dans les salles d'un musée. J'adore, pendant le déshabillage, contempler de loin la bite prometteuse. Selon la loi de la Gestalt-Théorie, elle m'apparaît énorme proportionnellement au corps qui, lui, se trouve presque fragilisé par sa semi-nudité quelquefois un peu risible et par son isolement saugrenu au milieu de la pièce, bien plus grosse en tout cas que si je n'avais qu'elle sous les yeux. De même, il peut arriver que, sans prévenir, je sorte du jeu pour aller me planter debout, de dos, à deux mètres de là, les mains plaquées sur les fesses pour les écarter au maximum et mettre à portée de vue, sur une même ligne de fuite, et le cratère brunâtre du trou du cul et la vallée cramoisie de la vulve. Comme lorsqu'une invitation prend la tournure d'une nécessité, comme on dit : « Il faut que vous me goûtiez ces fruits », je dis : « Il faut que tu voies mon cul. » Et parce qu'on rend les choses plus pittoresques en les animant, je me trémousse.

Montrer mon cul et voir mon visage. Peu de plaisirs égalent cette double polarisation. Le dispositif de la salle de bains est idéal : tandis que le lavabo offre une prise parfaite qui aide à amortir les charges subies par l'arrière-train, j'aperçois par intermittence dans le miroir qui le surmonte, crûment éclairé, un visage qui, à l'inverse du bas de mon corps totalement mobilisé, se défait. Les joues sont creusées et la bouche bée à la façon de celle d'un automate que son mécanisme en bout de course laisse brusquement en suspens. Ce pourrait être le visage d'une morte si ce n'était le regard, lorsque je le croise, insoutenable de veulerie. Tout à la fois, je le voile en baissant à demi les paupières et je le cherche. Il est le point d'arrimage ; c'est en accrochant son reflet que je pose cette certitude : me voici en train de jouir. Et il est le siphon par où s'évacue mon être : je ne peux me reconnaître dans un tel relâchement, et même, avec un sentiment de honte, je le refuse. Ainsi le plaisir se maintient-il sur une crête : comme la multiplication de deux nombres négatifs donne un nombre positif, ce plaisir est le produit non pas, comme on le dit parfois, d'une absence à soi-même, mais de la conjugaison de cette absence entraperçue et de l'horreur que, dans un sursaut de la conscience, elle suscite. Quelquefois, je me conduis toute seule jusqu'à cette volupté, en entracte pendant ma toilette. Une main posée sur le rebord du lavabo, me branlant de l'autre, je me surveille du coin de l'œil dans la glace. Un film pornographique me fit beaucoup d'impression. L'homme prenait la femme par-derrière. La caméra était placée face à elle, de sorte que son visage occupait le premier plan. Régulièrement, sous la pression que subissait tout le corps, le visage était projeté vers l'avant et se déformait comme tout objet approché de trop près par l'objectif. On entendait les injonctions de l'homme : « Regarde ! Regarde la caméra ! », et le regard de la fille tombait droit dans le vôtre. Je me demande s'il ne lui tirait pas les cheveux pour qu'elle relève mieux la tête. Je me suis beaucoup inspirée de cette scène pour les petites histoires qui soutiennent mes masturbations. Dans la réalité, un homme que je n'ai rencontré qu'une fois me procura un plaisir d'une intensité dont j'ai gardé le souvenir précis, ceci parce que, à chaque poussée de sa verge, il me demandait instamment : « Regarde-moi dans les yeux. » Je m'exécutais, sachant qu'il était témoin de la décomposition de mon visage.

La faculté d'absorption

Donner une représentation stéréotypée de l'orgasme est un défaut des films pornographiques ; on y jouit presque systématiquement à l'issue de saccades redoublées, les yeux fermés, la bouche ouverte, en poussant des cris. Or, il y a des orgasmes qui se déclenchent dans l'immobilité, ou dans le silence, et qu'on voit venir et se produire. C'est plutôt lorsque l'on veut allumer ou stimuler le désir qu'on a recours, dans la vie comme dans les films, à des clichés. Ce sont à peu près les mêmes mots, obscènes ou non, qui reviennent dans la bouche de tout un chacun. Fréquemment, les hommes commandent qu'on les réclame eux et leur sexe (« Est-ce que tu en veux une grosse ? Réponds », « Appelle-moi ; vas-y, appelle-moi ! »), tandis que les femmes, même celles qui ont l'esprit le plus indépendant, demeurent enclines à la sujétion, jusqu'à appeler sur elles des blessures qui seraient horribles (« Défonce-moi ! », « Encore ! Oh, déchire-moi ! »). Voyant, sur une vidéo, que j'étale par d'amples massages sur ma poitrine le foutre qui vient

201

d'y gicler, je me demande si je ne répète pas là un geste vu des dizaines de fois sur écran. Le jet était moins mousseux que dans les films mais néanmoins spectaculaire ; le foutre fait briller ma peau. Les hommes et les femmes usaient-ils de la même rhétorique, et apprêtaient-ils leur gestuelle érotique selon les mêmes schémas avant l'invention du cinéma ? Mais, plus la jouissance est vive, moins il y a de « cinéma ». Je le vérifie à propos de moi-même. Tant que le plaisir est ascendant, je ne me ménage pas. Outre les mouvements de bassin, je fais marcher jambes et bras. Couchée sur le dos, j'éperonne mon partenaire de coups de talons réitérés sur ses fesses et ses cuisses. Puis arrive une phase où cette nervosité retombe. L'autre ne s'acharne plus que sur un paquet de chair inerte. La voix se transforme. Déjà, les récits ont été laissés en plan, les paroles échangées se sont faites plus laconiques. Je dis « oui, oui, oui, oui » en accompagnant parfois la litanie d'un mouvement rapide de la tête de droite et de gauche, ou bien je répète « continue, continue ». Et, tout à coup, la voix devient plus claire, sonore, avec cette qualité d'articulation et cette autorité d'un comédien qui a appris à poser sa voix, et les mots s'espacent, les syllabes sont appuyées, « con-ti-nue ». Quelquefois le « oui » devient un « non » et sur certaines images je me vois enfouir mon visage dans mes mains.

Je ne ferais pas le métier que je fais, et je ne serais pas capable, par ailleurs, de réunir aujourd'hui toutes ces notations, si je n'avais pas quelque don d'observation. Un don qui s'exerce d'autant mieux qu'il va de pair avec un solide surmoi. Je ne me laisse pas aller facilement et, dans les moments censés être d'abandon, je suis encore, souvent, aux aguets. J'ai donc toujours porté une très grande attention à mes partenaires, à ceux qui avaient une identité bien sûr, mais quel qu'ait été le niveau de ma relation avec eux, attachement profond et durable ou liaison passagère. Cette attention doit appartenir à la même structure perceptive que la concentration dont je fais preuve devant un tableau, ou que la faculté que j'ai, dans le métro, au restaurant ou dans une salle d'attente, de véritablement m'abîmer dans la contemplation de mes voisins et voisines de banquette. Attention à qui a commandé mon savoir-faire. Je me vante d'être assez experte et, si je le suis devenue, c'est parce que j'ai toujours mesuré l'effet produit par mes initiatives. Comme cela est évoqué au début de ce chapitre, je me suis spontanément coulée dans la peau des autres pour tenter d'éprouver par moi-même ce qu'ils éprouvaient. Ce n'est pas qu'une façon de parler; je me suis surprise reprenant par mimétisme des tics, des exclamations propres à l'un ou à l'autre. Autant dire que j'ai souvent fait passer au second plan mon propre plaisir. J'ai été longue, bien longue, avant de repérer les caresses, les positions qui m'étaient les plus agréables. Je risquerais cette explication : un corps apte au plaisir ne m'a pas été octroyé d'emblée. Il fallait d'abord que je me donne littéralement à corps perdu à l'activité sexuelle, que je m'y oublie au point de me confondre avec l'autre, pour, à l'issue d'une mue, m'étant dépouillée du corps mécanique reçu à la naissance, endosser un second corps, celui-ci capable de recevoir autant que de donner. En attendant, combien d'autres corps, combien de visages dans l'observation desquels je me suis absorbée !

À quelques exceptions près, je me souviens avec relativement d'exactitude du corps de mes principaux partenaires, et même de ce que retenait leur visage à l'instant où s'enfuyait l'autre partie de leur être. S'attachent à ces images les gestes convulsifs et les particularités de langage propres à chacun. L'observation n'entraîne pas automatiquement le jugement mais, si elle est scrupuleuse, elle maintient la conscience dans une certaine objectivité. J'ai pu être séduite par la beauté physique d'un homme, je n'en ai pas moins repéré des défauts qui coupaient court à toute fascination. Par exemple, cette face plutôt arrondie, agrémentée d'yeux en amandes, mais qui était posée sur un crâne singulièrement aplati par-derrière et qui m'évoquait, lorsque je le considérais de profil, un ballon qu'on écrase. Un quart de tour, et celui dont on pouvait comparer la figure à un portrait de la Renaissance avait à peine plus d'épaisseur que si l'on eût, en effet, regardé la tranche du tableau. Reparcourant une galerie de portraits, voilà que je prends en défaut ma mémoire et mon sens de l'observation : paradoxalement, un homme dont la beauté m'a particulièrement séduite, le seul d'ailleurs qui ait été plus jeune que moi parmi tous ceux que j'ai fréquentés, ne m'a laissé aucun souvenir d'ordre sexuel. Beaucoup de ses expressions, de ses attitudes, de ses paroles me reviennent en tête, aucune que j'aurais pu saisir pendant que nous baisions !

Faut-il que la nature ait voulu épargner aux hommes le risque de se rompre pour, lorsque leurs muscles sont tendus au maximum, compenser cette tension en baignant de paix leur visage ? Ne dirait-on pas qu'ils le renversent comme pour le rafraîchir sous une fontaine, dans l'instant où ils atteignent le but d'une course qui a échauffé le corps entier ? Beaucoup affichent cette sérénité, pas l'homme qui ressemblait à un portrait renaissant. Alors que se succèdent dans mes souvenirs beaucoup de ces visages paisibles – l'un qui arrondissait la bouche et qui, parce que celle-ci était surmontée d'une moustache, avait l'air bêta d'un enfant empêtré dans son déguisement ; un autre qui esquissait un sourire si peu marqué qu'il aurait pu signifier une gêne et accompagner les excuses d'une personne pudique surprise dans une situation indécente –, au contraire, je revois sur le visage de cet homme, ordinairement si lisse, le masque d'une douleur rentrée. Il eût été pathétique si, dans ces moments-là, à l'exclamation convenue, « je viens ! je viens ! », il n'avait pas adjoint cette autre : « ah, mon Dieu ! ». Ce qui constituait une cocasse invocation à laquelle mon attention ne pouvait pas ne pas s'arrêter.

Mais le calme peut aussi se confondre avec l'indifférence. J'ai connu un homme si recueilli en lui-même qu'il se retirait de son apparence physique au point que celle-ci n'exprimait plus rien. Son corps pesait de tout son poids sur moi, actif certes mais impassible, comme s'il me l'avait abandonné, et un visage absent se logeait contre le mien tandis que j'aurais pu voir flotter au-dessus de nous, comme dans un film fantastique, son fantôme transporté par l'orgasme. C'était le même corps que je voyais lorsque cet homme se masturbait sans se soucier de ma présence, selon une technique que je n'ai connue qu'à lui. Couché sur le ventre, les bras pliés et serrés contre ses flancs, il pressait son sexe entre ses cuisses par d'imperceptibles contractions de celles-ci qu'il avait puissantes. Ce corps était trapu, les muscles encore plus gonflés par la posture. Moi, adepte expérimentée de l'onanisme, j'admirais la concentration avec laquelle il menait son affaire, défendant de façon farouche, butée, l'isolement mental qui en est la condition.

Quand on a fait l'amour quelques fois avec un homme, on sait bien à quel moment il va « venir », même s'il n'est pas de ceux qui l'annoncent à haute voix. Peut-être le sait-on avant lui, renseignée par des indices qui peuvent être infimes : peut-être parce qu'il vous a fait glisser dans une position dont on a compris qu'elle agit sur lui comme un déclencheur ; peut-être parce qu'il se tait, que sa respiration devient perceptible, apaisée par anticipation de quelques secondes. Un ami, baiseur imaginatif, disert et remuant, qui vous tenait une heure durant avec les fabulations érotiques les plus incroyables et vous faisait essayer les positions les plus acrobatiques et les substituts les plus improbables (concombre, saucisson, bouteille de Perrier, bâton blanc et lumineux d'agent de police, etc.), s'assagissait tout à coup quelques instants avant de jouir. Quelle qu'ait été ma position, il me ramenait sous lui, limait sans plus forcer et remplaçait les paroles par de discrets petits mugissements. J'étais persuadée que cette phase finale suivait une décision prise en toute connaissance de cause et je n'aurais pas été étonnée de l'entendre déclarer : « Bon, assez rigolé, passons aux choses sérieuses. » Ensuite, quand il avait déchargé, il s'attardait sur moi, égrenant contre mon oreille un « hi, hi, hi ! » qui ressemblait à un petit rire forcé, mais qui je crois ne l'était pas, qui était plutôt sa manière douce de nous faire reprendre pied dans la réalité. C'était le rire de celui qui rit le premier pour chercher votre complicité et se faire pardonner de vous avoir entraîné dans une aventure imprévue. Et comme pour mieux m'extirper de notre rêve, avant de lui-même rouvrir les yeux, il me grattouillait affectueusement le crâne.

De même que frôler la déchéance, ou l'abjection, ne

me déplaît pas, que cela alimente mes fantasmes, que je n'ai jamais été rebutée par le plissé d'un anus à titiller de la langue (« Hum ! ça sent la merde, m'entends-je dire, mais c'est bon »), et que je me suis volontiers prêtée au rôle de « chienne en chaleur », de même ne suis-je pas dégoûtée, loin de là, si je peux remplir mes yeux de la vision d'un corps quelque peu dégradé. Oui, je trouve agréable de serrer dans ses bras un corps tout entier dur comme une bite bien astiquée, mais oui, me faufiler sous la bedaine pendante d'un homme qui attend, dans une position de femelle, que je vienne le traire avec la bouche, cela me plaît tout autant. Oui, j'apprécie les manières de celui qui prend le soin d'écarter, avec des doigts de chirurgien, les lèvres de la vulve, et qui marque un temps pour admirer en connaisseur ce qu'il découvre, avant de vous branler avec une précision inouïe, bientôt insupportable. Mais comme il est pareillement le bienvenu celui qui vous empoigne les hanches sans plus de ménagement que s'il se rattrapait au bastingage d'un bateau qui tangue ! Celui qui vous monte en faisant porter loin de vous son regard égaré d'animal qui saille ! Celui qui se couche à moitié sur votre dos, cramponné au gras de vos fesses où vous trouverez le lendemain un bleu, et qui se fiche pas mal de savoir si vous ne gardez l'équilibre qu'au prix d'une crampe atroce dans vos cuisses qui portent le poids des deux corps. Après ça, se laisser aller à n'être qu'une masse broyée, bientôt plaquée sur le lit et retournée, sans plus de réaction propre qu'une boule de pâte à pain. Support amorphe d'une activité frénétique, oublier que ses chairs peuvent avoir une forme spécifique et voir ses seins s'étaler et suivre le mouvement, bercés comme l'eau au fond d'une barque, ou le capiton de ses fesses se mettre en paquets dans des mains qui les pétrissent. Dans ces moments, à travers mes yeux qui flottent à la surface de mon corps fondu, il me faut attraper du regard la tête de l'ouvrier qui s'abrutit dans son travail obstiné de la matière. Cette tête-là ne connaît pas l'extase béate. Elle me ferait peur si le volatile dénaturé que je suis ne s'énamourait pas de l'épouvantail. Un œil est à moitié fermé à cause d'une crispation qui n'affecte que la moitié du visage – j'ai déjà vu ce faciès à des gens qui avaient été victimes d'une attaque –, et le coin de la bouche qui correspond se tord et découvre la gencive. Si je n'ai pas peur de cette grimace, c'est parce qu'elle n'exprime pas une douleur mais plutôt un effort terrible, une ténacité prodigieuse, et que je suis fière de subir cette force.

Patiente

Pendant une grande partie de ma vie, j'ai baisé naïvement. Je veux dire par là que coucher avec des hommes était une activité naturelle qui ne me préoccupait pas outre mesure. Je rencontrais bien de temps à autre quelques-unes des difficultés psychologiques afférentes (mensonges, amour-propre blessé, jalousie), mais elles passaient aux pertes et profits. Je n'étais pas très sentimentale. J'avais besoin d'affection, j'en trouvais, mais sans aller jusqu'à éprouver le besoin de bâtir, sur la base de relations sexuelles, des histoires d'amour. Quand j'en pinçais pour quelqu'un, il me semble que je restais consciente de succomber à un charme, à une séduction physique, voire au pittoresque d'un schéma relationnel (par exemple, entretenir une relation simultanément avec un homme beaucoup plus âgé que moi et avec un homme plus jeune, et m'amuser à passer de l'emploi de petite fille à celui de protectrice) sans que jamais cela ne m'engage. Quand je me plaignais de la difficulté à mener de front quatre ou cinq relations suivies, j'avais un bon copain pour répondre que le problème n'était pas le nombre de ces relations mais l'équilibre à trouver entre elles, et il me conseillait de prendre un sixième amant. Du coup, j'étais fataliste. Je ne me préoccupais pas non plus de la qualité des relations sexuelles. Dans le cas où elles ne me procuraient pas beaucoup de plaisir, où elles me causaient même du déplaisir, ou lorsque l'homme m'entraînait à des pratiques qui n'étaient pas trop dans mes goûts, je ne les remettais pas en cause pour autant. Dans la plupart des cas, la nature amicale de la relation primait. Il allait de soi qu'elle pouvait conduire à une relation sexuelle, cela me rassurait même plutôt ; j'avais un besoin de reconnaissance de toute ma personne. Que j'y trouve ou non la satisfaction immédiate des sens était secondaire. Ça aussi passait aux pertes et profits. Je n'exagère pas si je dis que, jusqu'à l'âge de trente-cinq ans environ, je n'ai pas envisagé que mon propre plaisir puisse être la finalité d'un rapport sexuel. Je ne l'avais pas compris.

Mon attitude peu romanesque ne m'empêchait pas de distribuer à tire-larigot des « je t'aime », uniquement au moment précis où s'emballait le petit moteur logé dans le bas-ventre de mon partenaire. Ou alors je me mettais à répéter à voix haute son prénom. Je ne sais pas ce qui m'avait mis dans la tête que cela pouvait et l'encourager à poursuivre et parachever son plaisir. J'étais d'autant plus prodigue de ces déclarations d'amour de pure opportunité que leur signification n'avait aucun ancrage profond, que je ne les prononçais sous l'emprise d'aucune émotion, pas même d'une extase qui aurait emporté les sentiments. J'appliquais, la tête froide, ce que je croyais être un truc technique. Le temps passant, on se défait de ces artifices.

Romain était un jeune homme très doux, presque indolent derrière une apparence virile, le Perfecto jeté sur un T-shirt pas repassé de célibataire. Un de plus qui habitait un studio à Saint-Germain-des-Prés, le moins garni que j'aie connu. Nous baisions sur un matelas directement posé sur la moquette, au milieu de la pièce, et je recevais dans la figure la lumière qui tombait du plafond. La première fois, j'ai continué de regarder l'ampoule, je n'ai pas compris qu'il avait éjaculé. Sa poitrine couvrait la mienne sans peser, sa tête était tournée. Je ne sentais de vivant que quelques mèches de ses cheveux, qu'il portait longs, sur ma bouche et mon menton. C'est à peine si je l'avais senti me pénétrer, à peine s'il avait effectué quelques faibles poussées. Je restais moi aussi immobile, embarrassée. Je n'aurais pas voulu le perturber s'il n'avait pas fini, mais dans ce cas n'était-ce pas à moi de me manifester pour le relancer ? Et si je m'agitais et que l'affaire était conclue, n'aurais-je pas l'air bête de ne pas l'avoir deviné ? Enfin, j'ai senti quelque chose couler tout en haut de ma cuisse, un peu de sperme que rejetait mon vagin. Le sexe de Romain était d'une taille convenable, il bandait normalement, mais il était totalement inactif. Si j'avais voulu personnifier cette queue, j'aurais pu la comparer au néophyte qui ne bouge pas de sa chaise quand tous les participants d'une cérémonie se lèvent : on n'avait pas plus envie de lui en faire grief qu'au néophyte empoté. Écartant mes jambes sous ce garçon, j'éprouvais presque comme un confort de ne rien ressentir, rien d'agréable, rien de désagréable non plus.

Dans certaines circonstances, je peux faire preuve d'une patience peu commune. J'ai en moi suffisamment de ressources pour donner libre cours, silencieusement, à mon esprit, et donc tolérer que les autres vivent leur vie à côté de moi. Je peux subir sans broncher les manies, les petites tyrannies ou les franches attaques des autres et tenir longtemps en faisant le dos rond. Je laisse faire et je fais à ma guise. Rétrospectivement, je me rends compte à quel point j'ai su me montrer patiente dans les rapports sexuels. N'éprouver aucune sensation, ne pas m'en soucier, et accomplir parfaitement jusqu'à son terme tout le rituel. Ne pas partager les goûts de l'autre, ne pas m'en formaliser, et m'exécuter, etc. Indifférente, parce que si bien repliée mentalement au fond de moi que je commande mon corps comme un marionnettiste sa marionnette. J'ai donc continué de fréquenter Romain. En raison de son personnage de mauvais garçon aux manières tendres, il avait du succès auprès des femmes, et je me plaisais à imaginer la surprise ou la déconvenue de celles qui croyaient avoir affaire à un mec. J'ai vu les yeux ahuris de l'une d'elles chercher dans les miens le réconfort que procure le partage d'une expérience décevante : « Mais Romain… Y bouge pas ! » Je recueillis les confidences de l'effarée avec la placidité d'un sage.

J'ai parlé de l'ennui qui me prenait parfois pendant les réunions entre amis et de l'échappatoire que je trouvais en m'éclipsant avec l'un d'eux pour baiser. Mais il arrive qu'on s'ennuie en baisant ! Toutefois, je supporte mieux cet ennui-là. Je peux bien prendre patience pendant un cunnilingus qui ne me fait ni chaud ni froid, renoncer à réorienter le doigt qui s'acharne à me branler non pas le clitoris, mais à côté, là où ça fait un peu mal, et finalement être bien contente lorsque l'autre décharge, même si je n'en tire pas moi-même un grand profit, parce qu'à la longue tout cet à-peu-près est fastidieux, je peux endurer tout ça du moment qu'avant ou après la conversation est vive, qu'on m'emmène dîner chez des gens singuliers, ou que je peux aller et venir dans un appartement dont la décoration me plaît, et jouer à inventer que je vis là une autre vie... Le cours de ma pensée est si détaché des contingences qu'il ne se laisse pas entraver par un corps, celui-ci serait-il retenu dans les bras d'un autre corps. Mieux, la pensée est d'autant plus libre que l'éventuel interlocuteur s'occupe avec le corps ; en conséquence, elle ne lui reprochera sûrement pas de le prendre comme un accessoire érotique.

Ce ne sont pas obligatoirement les hommes à femmes qui satisfont le mieux ces dernières. Il n'est même pas exclu que certains d'entre eux – pas tous – ne passent pas de l'une à l'autre pour être toujours dans les conditions d'un commencement et s'éviter le stade où l'on exige l'accomplissement. (Sans doute en va-t-il de même pour certaines « femmes à hommes »...) L'un des premiers que j'ai rencontré, artiste, était aussi beaucoup plus âgé que moi et l'une de mes amies m'avait prévenue : « Avec les hommes d'un certain âge, c'est formidable, ils ont une telle expérience, que nous, nous n'avons rien à faire, juste à ouvrir les jambes ! » Il fallut que je me force un peu pour ne pas la démentir. Dans l'une des pièces de l'atelier, celle où il recevait les visiteurs, il y avait une grande table surchargée d'objets. Comme dans un cabinet de curiosités, s'y trouvaient pêle-mêle des objets, lampes, vases, bouteilles aux formes extravagantes, cendriers kitsch, ainsi que des outils insolites et des maquettes ou des essais de ses propres œuvres. Souvent, nous ne prenions pas la peine d'aller jusqu'à la chambre, j'allais rejoindre le bazar. Il me coinçait contre la table. Est-ce parce qu'il était légèrement plus petit que moi qu'il me semble revoir si distinctement ses paupières mi-closes, ses cernes qui étaient comme le reflet de ses paupières, sa moue quémandeuse et enfantine ? Nos pubis étaient à peu près à même hauteur et moi, dès que je percevais le gonflement sous le pantalon, je mettais en branle, comme il disait, ma « petite mécanique ». À savoir que je donnais, selon mon habitude, des mouvements nerveux du bassin. Mouvements auxquels il répondait, et de frotter nos deux pubis l'un contre l'autre. Dans quelle divagation est-ce que je laissais alors partir ma pensée quand mon excitation commençait à languir ? Est-ce que je remarquais une image nouvelle punaisée au mur ? Est-ce que je pensais à l'article que je devais écrire, ou bien plutôt est-ce que je fixais, l'esprit vide, les petites excroissances de peau brune à la surface des paupières ? Est-ce que je réfléchissais au fait que nous aurions le temps de recommencer plus tard, et que cette fois-là son sexe irait jusque dans le mien ? Sa tête partait en arrière, il me poussait un peu plus contre la table qui me sciait les fesses, laissait échapper deux ou trois petits hennissements. On pouvait en rester là.

Encore était-ce un homme attentionné et, tandis que je portais sur lui et son entourage un regard crédule, lui m'examinait, comme il examinait tout le monde, de son regard incroyablement scrutateur. Je n'ai pas connu d'homme aussi peu complaisant dans les commentaires qu'il vous adressait sur votre physique, ceux-ci formulés sans arrière-pensée, avec l'exactitude de celui qui exerce son œil professionnel, vos éventuels défauts n'ayant de toute façon pas d'incidence sur le fait que vous soyez « bandante ». De plus, cette acuité visuelle allait de pair avec une grande dextérité dont je profitais pendant les attouchements. Mais d'autres – si je peux dire les choses ainsi – ne s'embarrassent pas du corps dont vous leur faites cadeau s'ils obtiennent déjà de vous une prestation qui leur convient. Celui-ci, par exemple, qui m'a fait venir dans une chambre de bonne, avenue Paul-Doumer, qui lui sert de bureau. Voilà qu'il me pelote – je ne suis pas venue pour ça, mais ça m'est égal. Le processus normal voudrait qu'il m'attire sur le divan, m'y couche. Eh bien, non, c'est lui qui s'y allonge sur le dos, de tout son long, pâmé, et qui a ce geste toujours un peu pathétique de l'homme qui tend sa pine sans la regarder. Donc, je prends celle-ci dans la bouche et je l'entends dire, assez vite, ceci : « Ah, je vais décharger ! Avec toi, je ne me gêne pas, je te prendrai plus tard. » En ce qui me concerne, j'aime autant ça, mais j'ai l'esprit assez clair pour me dire en moi-même qu'il se conduit grossièrement. Il ne me prend pas plus tard.

Je suis docile non par goût de la soumission, car je n'ai jamais cherché à me mettre dans une position masochiste, mais par indifférence, au fond, à l'usage qu'on fait des corps. Bien sûr, je ne me serais jamais prêtée à des pratiques extrêmes comme celles d'infliger ou de subir des blessures, mais pour le reste, en regard du champ immense des singularités, voire des lubies sexuelles, j'ai agi sans *a priori*, j'ai invariablement fait preuve d'une bonne disponibilité d'esprit et de corps. Tout au plus, peut-on me reprocher, lorsqu'une pratique ne rencontrait pas trop d'écho dans ma propre vie fantasmatique, d'avoir manqué de conviction. J'ai fréquenté pendant longtemps un homme qui de temps à autre éprouvait le besoin de me pisser dessus. Je savais à quoi m'en tenir quand il me faisait sortir du lit pour le sucer. Quand son sexe était bien raide, il le retirait et le maintenait d'une main, à peu de distance. Je gardais la bouche ouverte. Je devais avoir, dans cette attitude, à genoux, l'air de quelqu'un qui s'apprête à recevoir la communion. Il y avait toujours une brève attente pendant laquelle il semblait guider mentalement l'urine sur sa voie. Dans cet effort de concentration, il réussissait à ne pas débander. Et le jet m'arrivait, dru, nourri, chaud. Amer. D'une amertume dont je n'ai jamais goûté d'équivalent, à vous rétracter la langue entière au fond du gosier. Il maniait son sexe ainsi qu'il l'aurait fait d'un tuyau d'arrosage et cela était si abondant et durait si longtemps que j'étais bien obligée quelquefois de me débattre comme on fait lorsque quelqu'un s'amuse à vous asperger. Une fois que je m'étais couchée sous le jet, il vint, après avoir tout vidé, me rejoindre sur le sol. Des deux mains, il me badigeonna de sa pisse, me couvrit de baisers. Je déteste sentir mes cheveux mouillés dans le cou et, là, je ne pouvais rien faire pour les empêcher de dégouliner. Je suis partie d'un fou rire. Cela le fâcha, coupa court aux effusions. Des années après, il me le reprochait encore ! « Il y a quelque chose que tu ne fais pas bien, c'est te faire pisser dessus. » Je le reconnais. Pour ma défense, je préciserai que je n'avais pas ri pour, par exemple, dissiper une gêne (ce n'était pas la première fois que je me faisais arroser de la sorte !), encore moins pour me moquer de lui ou de nous (tout exercice sexuel plus ou moins original, loin de me rabaisser, était au contraire une source de fierté, comme un jalon de plus dans la quête du Graal sexuel). J'avais ri parce que, ne pouvant pas trouver de satisfaction masochiste dans une situation que je ne trouvais pas humiliante, du moins j'éprouvais une jubilation à me rouler dans une substance liquide dégoûtante.

Certaines postures conviennent moins que d'autres à celle qui aime faire le grand bébé suspendu à une tétine de belle taille. Le moins qu'on puisse dire est que je ne suis pas une dominatrice, ni moralement – je n'ai jamais fait marcher un homme –, ni sexuellement – dans les petites mises en scène perverses, ce n'est jamais moi qui ai tenu le martinet. Et j'ai été bien embêtée quand il s'est agi de donner des claques ! L'homme des rendez-vous dans le quartier de la gare de l'Est ne se contentait pas de me pourlécher la fente, par intermittence il relevait la tête et, la bouche en cœur, réclamait d'être giflé. Je ne me souviens pas des mots qu'il employait, je sais en revanche que, pour la circonstance, il m'appelait « ma reine », ce que je ne pouvais m'empêcher de trouver ridicule. Je le voyais tendre le cou et quelque chose me rebutait dans cette figure dont les traits s'amollissaient dans l'attente, dont les lèvres humides faisaient penser à celles d'un soiffard qui s'est fait une moustache en descendant son verre. Cela ne m'aidait pourtant pas à frapper suffisamment fort. J'y mettais de la bonne volonté, malheureusement sans réussir à le contenter vraiment. J'y allais d'un aller et retour, mais la crainte de le griffer avec l'une de mes bagues freinait ma main. D'autres fois, j'essayais avec une main, puis l'autre, dans l'idée de mettre plus de hardiesse dans chaque geste, mais là c'était l'équilibre difficile à maintenir, avec les fesses au plus près du bord du lit ou du fauteuil, qui faisait que je n'étais pas à mon aise pour frapper la tête qui sortait d'entre mes cuisses. Enfin, je n'y croyais pas. Paradoxalement, je suis persuadée que si lui-même avait fait mine de moins y croire, s'il avait mis un soupçon d'humour dans sa requête, ou une insistance telle qu'elle eût pu passer pour une comédie, je serais moi-même entrée plus facilement dans le jeu, je m'y serais laissée prendre, et j'aurais frappé plus franchement.

Face à mon peu de disposition, il n'a jamais insisté et j'ignore si avec d'autres son masochisme le conduisait à des pratiques plus exigeantes. Pour moi, les séquences avec gifles venaient s'ajouter à tous les atermoiements que connaissaient nos relations soumises à des rendez-vous espacés et aléatoires. Elles rallongeaient, même si ce n'était que d'une courte durée, mon attente de la queue. Comme je l'ai raconté, j'arrivais au rendez-vous avec un désir déjà exacerbé. Dès les premiers baisers à pleine bouche, dès les premiers instants où ses bras remontaient sous mes vêtements, le plaisir était violent. Ensuite, l'inassouvissable succion relançait le désir jusqu'à un degré presque insupportable. Mais quand venait enfin le temps de la pénétration, ma petite corde interne avait lâché ; j'avais trop attendu. Probablement, aurais-je dû considérer autrement le cycle du désir, prendre les caresses buccales comme un prélude, faire l'impasse sur la copulation, admettre l'intervalle entre deux rendez-vous comme l'écho délectable des caresses et regarder en face la réalité : le point d'orgue était l'instant où, m'ayant ouvert la porte, sans dire bonjour ni bonsoir, lui et moi encore engoncés dans nos manteaux, il me plaquait avec brusquerie contre lui. Dans ce cas, la perfectionniste que je suis ne se serait pas pliée comme une écolière au pénible apprentissage de l'art de la baffe, elle l'aurait mis en pratique comme tous ces petits préliminaires, minauderies et bécotages, auxquels on se livre sans y penser.

Tant qu'à faire de dominer, je préfère enfourcher un homme allongé sur le dos. La position ne porte pas à conséquence sur l'emploi de l'un et de l'autre dans le jeu de rôles. Quand j'étais très jeune et que je voulais faire la maligne, j'appelais ça « la position de la tour Eiffel ». Une tour qui aurait enjambé la Seine, une Seine qui aurait été un torrent soulevant la tour dans un roulis. Le mouvement de piston, de haut en bas, les fesses faisant un petit bruit sec chaque fois qu'elles viennent frapper les cuisses de l'homme ; les circonvolutions d'une amorce de danse du ventre, qui est le mouvement le plus calme et qu'on adopte pour se reposer ou pour la fantaisie ; le basculement d'avant en arrière, mouvement le plus rapide et, pour ma part, le plus jouissif – tout cela, je connais presque aussi bien que la fellation. Comme pour cette dernière, la femme contrôle la durée et le rythme, avec en plus, évidemment, un double avantage : la verge agit en direct dans le con et le corps s'expose sous un angle avantageux, en contre-plongée pour le regard de l'homme. Et puis, une fois de temps en temps, s'entendre dire : « C'est toi qui me baises… Comme tu me baises bien ! », c'est gratifiant. On va et vient sur le manche comme un étui bien huilé. Si je ferme les yeux, du fait de cette facilité, de cette maîtrise, je vois en moi ce manche démesurément gros et robuste, parce qu'il occupe pleinement une cavité, qui elle-même m'apparaît élargie aux dimensions de mon torse, et dont on a si bien expulsé l'air qu'elle adhère complètement à l'objet. C'est aussi l'une des positions où l'on peut le mieux exercer de petites pressions sur cet objet en contractant les muscles du vagin. Ce sont des signaux que l'on envoie de loin, une manière de faire savoir à l'autre, alors que l'on se sert copieusement, sans retenue, et pour son compte, de ce qui lui appartient, que l'on pense quand même à lui.

Toutes ces manœuvres sont impossibles lorsque la femme, à califourchon sur un homme, a le con bien occupé tandis que son cul s'écarte pour permettre à un deuxième homme de s'introduire en elle. Deux amis qui m'embrochaient de cette façon prétendaient qu'à travers mes entrailles ils sentaient mutuellement leur bite et que cela était particulièrement excitant. Je ne les ai jamais crus qu'à moitié. Pour moi, les postures plus ou moins acrobatiques, ou celles qui pour être maintenues limitent les gestes, comme le faisait celle-là, ou même qui vous immobilisent, produisent surtout un effet plastique. On se divertit en formant un groupe comme l'auraient fait jadis des modèles dans une Académie, et ce qui attise le plaisir vient plus de la vision des corps aussi bien ajustés que des éléments de Meccano, que de leur contact. Ainsi prise en sandwich, je ne voyais pas grand-chose.

Je fais maintenant attention, quand je m'active dans la position supérieure, à ne pas trop pencher la tête en avant. Même si mon visage n'est pas trop marqué, je trouve qu'il a moins de consistance qu'il n'en avait et je ne voudrais pas, dans le cas où mon partenaire aurait les yeux ouverts, lui offrir le spectacle de bajoues. Mon autre réserve par rapport à cette position est que je ne peux pas maintenir chaque mouvement très longtemps. Dans le mouvement de haut en bas, les cuisses, actionnées comme des leviers, fatiguent vite, surtout si elles sont traversées par un large bassin. Je peux tenir plus longtemps le mouvement de bascule mais, là, la sensation très localisée sur le devant du ventre d'une part, l'imitation précise du mouvement masculin d'autre part créent, en une sorte de réverbération, l'impérieux besoin d'être comblée. Si bien que j'arrête la machine, que je me blottis contre le corps couché sous moi et que je dis : « Donne-moi des petits coups. » Trois ou quatre petits coups, qui viennent frapper sèchement le fond de mon con, suffisent en effet à me donner beaucoup de félicité.

J'admire les hommes de limer pendant de longues minutes sans souffrir apparemment de la position adoptée. Je me demande toujours comment ils font pour tenir comme ça en appui sur leurs bras, ou pour mobiliser avec une telle endurance leurs reins. Et les genoux, comment font-ils avec les genoux ? Quand je suis dans la position dominante que je viens de décrire et que l'acte a lieu à même le sol, au bout d'un moment, mes genoux me font mal. De même pendant une longue fellation pour laquelle je suis à genoux devant un homme debout. En fait, c'est lorsque je tiens la distance en faisant durer un pompier que je m'inflige le plus de petites tortures. Il peut arriver que je lâche la ou les mains, exactement dans les mêmes intentions qu'un équilibriste, pour démontrer la sûreté avec laquelle la bouche seule maintient la trajectoire, ou pour accélérer brutalement le mouvement. Dans ce cas, la nuque se contracte, et une douleur s'y installe. Une raideur, comparable à celle qu'on éprouve chez les dentistes qui travaillent lentement, gagne aussi la mâchoire, les muscles tendus des joues et les lèvres, surtout si, par son diamètre, le sexe dont on s'occupe oblige à maintenir la bouche largement ouverte. Comme je rentre les lèvres, il se forme sur la muqueuse, là où les dents ont mordu, un bourrelet d'inflammation. Cette blessure-là, je l'aime bien. Elle est chaude et savoureuse. Quand ma bouche est à nouveau libre, j'y passe la langue avec l'application d'un animal léchant sa plaie. Après m'être dépensée, je me retrouve en moi-même dans cette douleur exquise que j'avive délibérément, en appuyant un peu plus la langue.

J'endure de la même façon tous les aléas du coït, les excentricités des uns et des autres comme les petites misères physiques. Cela relève du pouvoir de programmer son corps indépendamment des réactions psychiques. Le corps et l'esprit qui y est attaché ne vivent pas dans les mêmes temporalités, leurs réactions par rapport aux mêmes stimuli extérieurs peuvent être décalées. Ainsi apprend-on sans ciller une nouvelle dramatique ou, à l'inverse, continue-t-on de pleurer alors qu'on a parfaitement enregistré que tout a été fait pour vous consoler. Si, intérieurement, je mets en branle la chaîne ouvrière du plaisir, le corps pourra bien subir quelque déplaisir, celui-ci ne suffira pas à enrayer la chaîne. Autrement dit, le déplaisir ne parviendra à la conscience qu'après coup, après que le plaisir semblera avoir été atteint, et dans l'après-coup on se fiche pas mal du déplaisir, on l'oublie plus vite qu'il ne s'est rappelé à vous. Comment expliquer autrement que pendant des années les mêmes hommes m'ont causé les mêmes désagréments, sans que je m'en plaigne ni que je cherche à les éviter ? Moi qui, hors la douche, déteste être mouillée, j'ai fréquemment, avec constance, recueilli en grosses gouttes la sueur d'un homme. Je n'ai jamais vu transpirer aussi abondamment. Les gouttes tombaient droit sur moi au point que je distinguais l'impact de chacune. Lui-même ne semblait pas gêné d'avoir trop chaud alors que j'éprouvais, moi, sur ma poitrine trempée, une sensation glacée. Peut-être est-ce que je compensais ce déplaisir en écoutant le claquement d'eau de ses cuisses sur les miennes ; les bruits m'ont toujours stimulée. J'aurais pu gentiment, de temps en temps, lui demander de s'essuyer, je ne l'ai pas fait. Je n'ai jamais guéri non plus d'une allergie que me provoquait le frottement d'une certaine joue sur la mienne. Puisque le mal était chronique, n'aurais-je pas pu m'enduire d'une crème en prévision de mes rendez-vous avec le propriétaire de la joue, qui pourtant se rasait soigneusement ? Non, je suis toujours repartie de chez lui une moitié de la figure en feu. Les marques mettaient des heures à se dissiper. Il n'est pas exclu, à propos du décalage entre le corps et l'esprit, que, dans cet exemple, la culpabilité que j'éprouvais à fréquenter cet homme en cachette ait contribué, en plus d'un terrain allergique, à me faire rougir. Dans ces moments-là, l'esprit rattrapait le corps malgré lui.

Les différentes manifestations du plaisir

Il est d'autant plus facile d'écrire sur les déplaisirs qu'ils paraissent distendre le temps et que le temps permet de faire le détail. Même s'ils n'atteignent pas tout de suite la conscience, ils creusent en vous un sillon qui est une durée. Les séances de gifles n'étaient jamais longues, le barbotage dans la sueur loin de représenter l'essentiel de mes relations avec la personne, il n'empêche, pendant que cela avait lieu, moi, tout à la fois active et passive, j'attendais (j'observais). Relater le plaisir, le plaisir extrême, est autrement plus délicat. D'ailleurs, n'est-il pas communément assimilé à un transport hors de soi et du monde, c'est-à-dire aussi bien hors du temps ? Et n'y a-t-il pas une difficulté supplémentaire, aporétique, à vouloir identifier, reconnaître, quelque chose dont on ne vous a jamais encore fourni de description, ou si peu ?

Dans les pages qui précèdent, j'ai dit un mot de mon ravissement, au sens fort, lors du premier contact charnel, j'ai aussi évoqué cette découverte d'un orgasme prolongé grâce à un godemiché en particulier ; enfin, j'ai essayé tant bien que mal de rendre compte de cette mobilisation à l'entrée de mon sexe, qui devient dure comme un cercle de métal lorsque l'excitation est à son plus haut point. Ce sont là des constats faits relativement tard. Pendant une grande partie de ma vie, j'ai baisé dans l'indétermination complète du plaisir. D'abord, je dois concéder que, pour moi qui ai multiplié les partenaires, aucune issue n'est plus sûre que celle que je recherche solitairement. Je contrôle la montée de mon plaisir au quart de seconde près, ce qui n'est pas possible lorsqu'il faut tenir compte du cheminement de l'autre et que je dépends de ses gestes, non des miens. J'ébauche mon histoire. Admettons que je sois une actrice de films pornos, auditionnant une quinzaine de partenaires éventuels qui se présentent en rang d'oignons, nus. Pendant que dans ma rêverie, officier passant en revue ses troupes, je les examine un à un et palpe l'appareil de chacun, je masse du bout du majeur mon clitoris bientôt gluant. Je guette comment il se dilate. Parfois, il me semble qu'il ne fait que se dresser, plus pointu, telle une jeune pousse. En vérité, c'est tout le mont de Vénus et la vulve qui se gonflent sous ma paume et je peux abandonner trois secondes le mouvement circulaire pour presser rapidement l'ensemble comme je le ferais d'une poire. Je poursuis mon histoire. Je me décide pour un garçon que j'entraîne par la queue vers une sorte de table de massage où je m'allonge, la chatte sur le rebord. À cet instant (mais ce préambule a déjà pris beaucoup de temps, six, huit minutes, parfois plus), l'excitation peut être très vive. Elle est très localisée, c'est un poids qui tire vers le bas mon vagin et semble le refermer comme le diaphragme d'un objectif. Je sais pourtant (d'où me vient cette science ? De la mesure spontanée, exacte, du degré d'excitation ? Parce que celle-ci confine à l'exaspération, trop chargée en quelque sorte, et ne peut que stagner en une zone précise ? Du fait que ce ne sera pas cette position-là, avec le partenaire imaginaire, qui me donnera l'illusion d'être comblée ?) que, si je poursuis, l'orgasme ne viendra pas ou qu'il sera de peu d'intensité. Alors j'arrête net le mouvement et je reviens en arrière dans mon histoire. Je lèche quelques bites raidies avant d'en choisir une. Retour vers la table de massage. (Il peut y avoir plusieurs retours en arrière de la sorte, qui introduisent de légères variantes.) Cette fois, ils sont deux ou trois qui vont se succéder brièvement dans mon con. La pression du doigt s'accentue, le clitoris roule sur une base dure, un os ? Je me représente un des garçons en train de me marteler. La friction devient frénétique. Il arrive que je murmure, mais en articulant quand même distinctement, un dialogue d'encouragement rudimentaire : « Tu es bonne... – Vas-y... » Quand le moment est venu, l'esprit se vide. *Exit* les quinze étalons. Je grimace dans l'effort de concentration, remonte la bouche dans une vilaine moue ; une de mes jambes se paralyse, mais, désarticulation inattendue, j'ai quelquefois le réflexe de malaxer doucement un sein avec la main libre. L'orgasme est l'effet d'une décision. Si je peux dire les choses ainsi : je le vois venir. D'ailleurs, j'ai souvent, pour de bon, les yeux fixement ouverts, qui voient non le mur en face ou le plafond, mais une radioscopie fantastique. Si ça a bien marché, la volupté vient de loin, du fin fond de ce long boyau aux parois bosselées et grises, et elle se propage jusqu'à l'ouverture qui s'ouvre et se ferme comme la mâchoire d'un poisson. Tous les autres muscles sont relâchés. Il peut y avoir six ou sept vagues. Dans l'idéal, je reste un moment à faire glisser les doigts joints sur la vulve, puis je les porte sous les narines pour me délecter du parfum douceâtre. Je ne me lave pas les mains.

Je me branle avec la ponctualité d'un fonctionnaire. Au réveil, ou dans la journée, dos appuyé à un mur, jambes écartées, un peu fléchies, jamais au coucher. Je savoure également de le faire bien emmanchée par une verge tout ce qu'il y a de réelle. Dans ce cas, je suis plus longue à venir ; il m'est plus difficile de me concentrer sur mon récit fantasmatique, car le sexe installé en moi n'exclut pas celui que je me représente. Le vrai se tient prêt, immobile, patient, jusqu'au signal que je donne, le « hein » de l'acquiescement total, ou un renversement de la tête, et alors les spasmes que j'ai fait venir rencontrent la charge du vit au plus fort de sa puissance. Est-il possible que se conjuguent là deux voluptés pourtant si différentes l'une de l'autre, celle qui est perçue distinctement, au point que je crois mesurer l'élargissement de mon espace ainsi que j'observerais la marée montante qui gagne peu à peu sur la plage, et celle qui est beaucoup plus diffuse, comme si mon corps rendait le son assourdi d'un gong parce que, à l'instar de ce qui se

225

produit dans le cas d'une douleur extrême, la conscience s'en éloigne ?

Je n'ai jamais repéré les contractions de mon vagin pendant que je faisais l'amour. En la matière, je suis restée totalement ignorante. Est-ce parce que je ne peux pas connaître ce type d'orgasme dans ces conditions ? Est-ce parce que, rempli du sexe de l'autre, mon propre sexe n'a pas la même élasticité ? Encore heureux que j'aie fini par apprendre qu'il s'agissait d'une manifestation de la jouissance féminine. J'avais passé la trentaine quand j'eus avec un ami une de ces conversations intimes que je n'ai eues que très exceptionnellement au cours de ma vie. Il s'inquiétait de savoir à quoi l'on reconnaissait qu'une femme avait joui. « Est-ce lorsqu'elle a des spasmes ? Est-ce que c'est la seule preuve ? », me demanda-t-il. Hésitante, mais ne voulant pas passer pour une imbécile, je répondis que oui. À part moi, je me dis : « C'est donc ça. » Jusqu'alors, lorsque mon corps avait émis de tels signaux, je ne les avais pas identifiés en tant que tels, même si c'était pendant que je me masturbais avec la précision que l'on sait. N'ayant pas sciemment recherché la chose qu'ils signifiaient, je ne pouvais les reconnaître comme les signes de cette chose. Certaines caresses me faisaient du bien, certaines positions étaient meilleures que d'autres, point. Je comprends maintenant que cette laconique conversation (tenue avec un homme, ce n'est pas un hasard, avec qui je n'ai pas eu de rapport sexuel) a bien pu déposer en moi le germe d'une préoccupation qui mit des années, de longues années, à aboutir à cet état d'insatisfaction dont il a été question à la fin du premier chapitre de ce livre.

Comme je l'ai également expliqué, la pratique de

l'onanisme a d'abord consisté pour moi, et pendant longtemps, non à solliciter directement le clitoris, mais à faire glisser l'une contre l'autre les lèvres de la vulve. Ce n'est pas que j'ignorais qu'il existât, c'est que je n'avais pas eu à me soucier de lui pour avoir du plaisir. J'appartiens à la génération de femmes que des ouvrages féministes se donnèrent pour but de guider dans l'exploration de leur corps. J'ai regardé mon sexe accroupie au-dessus d'une glace, mais je n'en ai retiré qu'une vision confuse. Peut-être ai-je eu du mal à suivre une description très scientifique. Peut-être avais-je quelque prévention à l'encontre de la démarche féministe dont je pensais qu'elle était destinée aux femmes inhibées ou éprouvant des difficultés dans les rapports sexuels, ce qui ne me concernait pas puisque, pour moi, baiser était facile. Peut-être n'ai-je pas eu envie de remettre en cause cette facilité : certes, je baisais pour le plaisir, mais est-ce que je ne baisais pas, aussi, pour que baiser ne soit pas un problème ? Cette fois-là, peut-être ai-je inconsciemment refermé les cuisses comme on referme un dictionnaire de médecine : par crainte de se découvrir les maladies qu'il décrit et qui vous interdiraient certaines bonnes habitudes...

J'avais bien raison car lorsque beaucoup plus tard j'ai ouvert le dictionnaire des idées reçues, l'inquiétude a commencé à sourdre. Là, j'ai fréquenté un homme, puis un deuxième, avec l'idée fixe que je devrais ressentir pendant l'étreinte les mêmes spasmes que ceux déclenchés par la masturbation. Avais-je pour y parvenir une connaissance suffisante de mes propres organes ? Et, comme si ma vie sexuelle se déroulait à rebours, comme si j'avais dû me poser les questions naïves après avoir acquis une expérience et après l'avoir oubliée, j'ai douté de mon antenne clitoridienne. Était-ce bien elle qui répondait lorsque je m'échauffais d'une phalange enragée ? Je crus un moment que je n'en avais pas, ou qu'elle était atrophiée. Un homme qui, mû par les meilleures intentions, manquait néanmoins d'adresse, et dont le doigt dérapait sans cesse, ne m'aida pas. Enfin, je me rendis à l'évidence : le clitoris n'était pas une pointe vive repérable comme un clou au mur, ou comme le clocher dans un paysage, ou comme le nez au milieu de la figure, c'était une sorte de nœud embrouillé, sans véritable forme propre, un minuscule chaos se produisant à la rencontre de deux petites langues de chair comme lorsque le ressac jette deux vagues l'une contre l'autre.

Le plaisir solitaire est racontable, le plaisir dans l'union échappe. Au contraire de ce qui se passe lorsque je provoque moi-même l'orgasme, je ne me dis jamais, dans un rapport à deux : « Voilà l'instant. » Pas de déclic, pas d'éclair. Plutôt l'installation lente dans un état moelleux de sensation pure. Le contraire d'une anesthésie locale qui supprime la sensibilité mais permet de garder l'esprit éveillé : mon corps entier n'est plus que l'ourlet d'une déchirure à vif, tandis que la conscience est au stade de l'endormissement. Même si, de moi-même, je bouge encore, c'est par automatisme, quoique je puisse demander dans un dernier réflexe de sociabilité : « Ça ne fait rien si je ne bouge plus ? » Est-ce la plénitude ? Plutôt un état proche de celui qui précède l'évanouissement, lorsqu'on a l'impression que le corps se vide. Envahie, oui, mais de vide. J'ai presque froid, comme lorsqu'il semble que le sang vous quitte. Il afflue vers le bas. Une valve s'est ouverte par où je lâche ce qui faisait du corps une masse compacte. Et j'entends le bruit que fait l'expulsion. À chaque reprise du membre dans cette poche molle que je suis devenue, l'air qu'il déplace émet une sonorité claire. Cela fait pas mal de temps que je ne crie plus, depuis que j'avais réveillé le bébé des voisins et que ceux-ci avaient protesté en tambourinant contre le mur. L'ami chez qui je me trouvais, mécontent, m'avait appelée quelques jours plus tard pour m'annoncer : « Je me suis renseigné auprès d'un copain médecin, crier comme ça est un signe d'hystérie. » L'habitude m'en a passé sans que je m'en rende compte. Par la suite, les cris des autres femmes m'ont souvent fait penser à ceux, plus réfléchis que spontanés, des voltigeurs qui encouragent leur monture et qu'on entend lorsqu'ils passent près de vous sur la piste. Moi, je ne livre plus que des pets. Le premier me surprend dans ma somnolence. D'autres le suivent. Je m'émerveille de tant de ressources.

Le copain médecin aurait-il nuancé ou corrigé son diagnostic s'il avait su que, pendant une période, mes partenaires, après l'amour, abandonnaient sur le lit, la table ou le sol, un corps aussi raide qu'un cadavre ? Heureusement, ce n'était pas à chaque fois, mais, autant que je m'en souvienne, quand le plaisir avait été exacerbé. J'avais une crise de tétanie. Je n'ai jamais eu peur. Ça passait vite. Un même symptôme était apparu une fois que je m'étais fait avorter, et le gynécologue m'avait expliqué que je manquais de calcium. Ça n'était même pas pénible. Cela intervenait comme la preuve qu'il s'était passé quelque chose d'incompréhensible dans mon corps, que celui-ci ne m'appartenait plus. La paralysie prolongeait la léthargie. Je me suis évidemment demandé si au déficit en sels minéraux ne s'était pas ajouté quelque motif inconscient. Est-ce que je retenais mon corps avant ou après l'orgasme ? Pour éviter celui-ci ou pour le prolonger ? Le symptôme disparut et j'oubliai de répondre à la question. Or, une manifestation inverse a pris la suite. Au lieu de me crisper au bord du gouffre, je me noie dans les larmes. Je relâche la tension dans des sanglots francs, bruyants. Je pleure comme on ne pleure pratiquement plus jamais à l'âge adulte, le cœur gros d'un chagrin entier. Il faut que la tension ait été particulièrement forte, exceptionnelle ; j'ai, plus que d'autres sans doute, un long chemin à parcourir avant l'extase et mes sanglots ont quelque chose de ceux de l'athlète épuisé qui reçoit sa première médaille. Quelques-uns de mes partenaires s'en sont effrayés, ils craignaient de m'avoir fait mal. Mais les larmes sont celles d'une joie désespérée. Tout a été largué, mais ce tout n'a été que ça : le corps que j'ai livré n'était qu'un souffle d'air et celui que j'ai embrassé se trouve déjà à des années-lumière. Comment, dans un tel dénuement, ne pas exprimer sa détresse ?

Ce ne sont pas les charges les plus violentes qui me font chavirer. Il faut les amortir et lorsque je me trouve le râble écrasé sur le matelas, je me sens trop lourde pour l'Ascension. Bien préparée, je préfère certains infimes déplacements qui supposent au contraire que je ne pèse rien. Pour en avoir été divinement saisie, je me souviens du geste bref d'un homme, beaucoup plus grand que moi, qui passait sa main sous mon dos et tapotait mes reins. Son attention était si bien exercée qu'elle en était machinale : une ménagère qui épous-sette a le même geste. Trois ou quatre petits coups secs me soulevaient comme une feuille de papier dans un courant d'air. Cela faisait remonter mon con le long de son sexe de quelques millimètres. C'était assez.

Visionnages

Je suis de taille moyenne, j'ai le corps souple, on m'attrape et on me tourne en tout sens comme on veut. Ce qui me surprend le plus, lorsque je me vois sur un écran de vidéo, c'est cette maniabilité. Je me sens d'ordinaire si empruntée, si gauche (je n'ai pratiquement plus dansé depuis l'adolescence et je suis incapable de faire plus de trois brasses dans la mer), que je ne reconnais pas l'inoffensif reptile qui s'étire, se rétracte, réagit vite et complètement à toutes les sollicitations. Allongée sur le côté dans la pose de l'odalisque, les jambes légèrement pliées pour faire jaillir au premier plan le globe fessier, le regard tourné dans la direction où s'offre ce globe, la main entrouverte posée sur la bouche dans un geste d'expectative. Puis, toujours sur le côté, un peu plus recroquevillée pour offrir une meilleure prise, la taille vissée d'un quart de tour vers l'arrière, ce qui fait ressortir le haut du corps, le cou tordu pour, d'un coup d'œil, vérifier que la fente est bien dégagée. Dans cette position, je ne peux guère intervenir. L'animal feint d'être un objet sans vie. L'homme accentue la pliure des jambes pour caler l'une des siennes dans le triangle qu'elles aménagent ; il a l'air de ramasser un paquet afin de mieux le saisir. Il maintient la pliure d'une main ferme et secoue vivement l'objet devant lui qui rebondit souplement sur son ventre. J'apprécie cet état d'inertie bien que mon sexe pénétré ainsi de côté ne soit pas très réceptif. De même, lorsque l'homme à son tour se couche sur le côté, formant la barre d'un T dont, revenue sur le dos, je suis la hampe, l'une de mes jambes passée par-dessus sa taille, l'autre par-dessus ses cuisses.

Je reprends une identité d'animal, entre la grenouille et l'insecte renversé dont les courtes pattes battent l'air. Toutefois, comme je l'ai dit, je préfère être mise par-devant. Je reçois mieux les coups de bite et je peux recouvrer une intelligence de ce qui se passe. En relevant la tête, en soutenant au besoin mes chevilles ou mes mollets, j'arrive à suivre le travail dans l'encadrement de mes jambes largement écartées. Je peux reprendre l'initiative : par exemple, arquer le dos pour élever le bassin et le remuer tant que je peux. Le rapport entre les éléments s'inverse : ce n'est plus le pieu qui s'enfonce en terre, c'est la terre qui tremble pour l'engloutir. Retour sur le plat. Tirée sur le dos, comme un poids mort, chosifiée de nouveau. Plus tard, sur l'écran, je me verrai prendre la forme d'un vase qu'on aurait renversé. La base est au niveau des genoux ramenés sur le visage, les cuisses serrées sur le torse dessinent un cône qui va s'élargissant jusqu'aux fesses et dont le col se rétrécit brusquement après un double renflement – est-ce que ce sont les coupelles de l'os iliaque ? –, laissant tout juste le passage à la trique plongeante.

Le plaisir est fugitif parce que le corps, tout trituré, fouillé et retourné qu'il ait été, est évanescent. Le corps qui a joui s'est absorbé en certaines parties enfouies et mystérieuses de lui-même aussi totalement que le corps d'un pianiste se concentre à l'extrémité de ses doigts. Et les doigts du pianiste pèsent-ils sur les touches ? Par moments, il semble que non. Regardant un film vidéo où l'on me voit me branler d'une main aérienne, mon voisin déclare que j'ai un geste de guitariste. Mes doigts sont lâches et se balancent dans le nuage noir avec une régularité de pendule, mais leur action est précise. Quand je ne suis pas seule et que je sais que s'y substituera bientôt un plus gros instrument, je n'appuie jamais trop fort, je profite de cette douceur. Jamais je ne me branle en faisant pénétrer mes doigts dans le con, je me contente d'une mouillette avec le majeur que je plonge à peine et que je ramène pour humecter le devant. Si le mouvement devient un peu plus insistant, la peau très fine à l'intérieur des cuisses est parcourue d'une onde. Je note que j'effleure de la même façon le sexe de l'autre. M'appliquant à faire une pipe, je protège la base de la verge et les testicules dans le creux de mes mains exactement du même geste que je recueillerais un lézard ou un oiseau. Un gros plan me montre la bouche pleine et les yeux bien ouverts en direction de l'écran ; il y a du contrôle technique dans ce regard. Dans un autre, au contraire, les paupières et la bouche closes, cette dernière offerte au gland qui s'y promène, j'ai l'air de dormir profondément alors que, sans aucun doute, je suis attentive à rester dans l'axe. Plus loin, voulant ajuster le gland, j'entrouvre et défroisse la vulve avec précaution, prévenue de la fragilité de l'objet que je m'apprête à empaqueter.

Un autre film montre mon corps en entier, tel qu'on ne le voit jamais se comporter sous les vêtements, dans les occupations ordinaires de la journée. Vingt fois, Jacques, metteur en scène improvisé, me fait monter et descendre l'escalier de l'immeuble, peu fréquenté à cette heure-là du soir, vêtue d'une robe de lin transparente noire. Comme si je portais une robe normalement opaque et que j'aie été suivie par une caméra à rayons X, on discerne, lorsque je suis de dos, l'animation pneumatique des fesses, et, lorsque je suis de face, le tressaillement des seins chaque fois qu'un pied se pose sur une marche, tandis que la toison disparaît dans une large tache d'ombre quand elle vient frotter contre l'étoffe. Bien que l'on perçoive la densité de la chair, la silhouette est fugace. Pour la séquence suivante, Jacques me demande de prendre place dans la guérite occupée dans la journée par le concierge, d'abord le corsage descendu jusqu'à la taille, puis la robe ôtée, et de prendre en effet les attitudes de la fonction. Ah, si l'on pouvait ainsi vaquer de chez soi à son lieu de travail avec rien de plus sur le dos ! Ce n'est pas seulement du poids des vêtements dont on serait allégé, ce serait aussi de la pesanteur du corps qu'ils auraient emportée avec eux. Je l'avoue : le rôle que Jacques me fait tenir rencontre si bien mes propres fantasmes que j'en suis troublée d'une manière inhabituelle, presque gênée d'être plus nue que nue. Nous rentrons à l'appartement. Là, par contraste, mon corps se découpe avec précision sur le canapé blanc. Au milieu, la main va et vient lentement, lestée d'une grosse bague dont les reflets seuls, par intermittence, compromettent la netteté de l'image. Cuisses et jambes largement écartées s'inscrivent dans un carré presque parfait. C'est ce que je vois aujourd'hui, mais je savais alors que l'homme à la caméra voyait cela. Quand, sans lâcher celle-ci, il est venu déloger ma main, mon sexe où il a glissé le sien était tumescent comme jamais. La raison en était claire dès l'instant : j'étais déjà pleine de la coïncidence de mon corps vrai et de ses multiples images volatiles.

Table

Conversations avec Denise René
Adam Biro, 2001

Riquet à la houppe, Millet à la loupe
Stock, 2003

Dalí et moi
Gallimard, 2005

L'Art contemporain
Histoire et géographie
Flammarion, 2006, 2009

Champion Métadier
Gallimard, 2007

Tunga : dessins érotiques
Daniel Templon, 2008

Jour de souffrance
*Flammarion, 2008
et « Points », n° P2201*

Bogedon
*(avec Jacques Martinez)
Germina, 2010*

D'Art Press à Catherine M
Entretiens avec Richard Leydier
Gallimard, 2011

Le Corps exposé
Éditions nouvelles Cécile Defaut, 2011

Une enfance de rêve
*Flammarion, 2014
et « J'ai lu », n° 11103*

L'Œil du désir
*(avec Bernard Dufour)
La Différence, 2015*

RÉALISATION : PAO ÉDITIONS DU SEUIL
IMPRESSION : CPI FRANCE
DÉPÔT LÉGAL : JUIN 2002. N° 55130-21 (2037266)
IMPRIMÉ EN FRANCE

Éditions Points

Le catalogue complet de nos collections est sur
Le Cercle Points, ainsi que des interviews de vos
auteurs préférés, des jeux-concours, des conseils
de lecture, des extraits en avant-première...

www.lecerclepoints.com